岩 波 文 庫
33-684-3

マキアヴェッリの独創性
他 三 篇

バ ー リ ン 著
川 出 良 枝 編

Edited by Henry Hardy

岩 波 書 店

THE ORIGINALITY OF MACHIAVELLI

by Isaiah Berlin
edited by Henry Hardy

This Japanese edition published 2022
by Iwanami Shoten, Publishers, Tokyo
by arrangement with Curtis Brown Group, Limited, London
through Tuttle-Mori Agency, Inc., Tokyo.

For more information about Isaiah Berlin visit
https://isaiah-berlin.wolfson.ox.ac.uk/
https://berlin.wolf.ox.ac.uk/

凡例

一、本書は、『バーリン選集』全四巻(福田歓一・河合秀和編、岩波書店、一九八三―一九九二年)から、バーリンの政治思想の本質を浮き彫りにする四つの論文を選んで一冊としたものである。

二、第一論文「マキアヴェッリの独創性」、第二論文「自然科学と人文学の分裂」、第三論文「モンテスキュー」は『選集』第一巻、第四論文「理想の追求」は『選集』第四巻に収録されたものである。

三、本書は、『選集』の元の訳文を生かしつつ、二〇一三年にプリンストン大学出版局より刊行された第二版を底本として全面的に補訂したものである。第一、第二、第三論文がIsaiah Berlin, *Against the Current: Essays in the History of Ideas*, Second Edition, ed. Henry Hardy, with a forward by Mark Lilla (Princeton University Press, 2013)、第四論文がIsaiah Berlin, *The Crooked Timber of Humanity: Chapters in the History of Ideas*, Second Edition, ed. Henry Hardy, with a forward by John Banville (Princeton University Press, 2013)に収録されている。

四、原書第二版における改訂は編者ヘンリー・ハーディーによるもので、バーリンが指示していない出典を明らかにするなど、書誌情報が大半である。ハーディーによる補訂で書誌情報を超える注記には［　］を付して著者バーリンのものでないことを示している。

五、訳注は〔　〕で括って、本文中に挿入した。

六、注に掲げられている文献のうち邦訳があるものについてはその書誌情報を加えたが、訳文は必ずしも邦訳によらずに独自に訳出している。

目　次

マキアヴェッリの独創性

佐々木毅 訳

一

マキアヴェッリの政治的見解については非常に多くの異なった解釈があり、その解釈の数たるや驚嘆に値するものがある。個々の点をどう考え、解釈するかについての厖大な見解の数々を別としても、今日なお、『君主論』や『論考』(『ローマ史論』)をどう解釈すべきかについての主な見解が二〇を超えるといった有様である。[1] このようにマキアヴェッリについての文献の数は多く、しかも今や以前にもましてその増加の速度が早まっている。これら二つの作品に含まれている個々の見解や特定の用語の意味については解釈の相違があるにしても、それは他の思想家の場合に通常見られる範囲を超えるものではない。これに対してマキアヴェッリの基本的な政治的見地、その中心的見解の解釈については他の思想家の場合と比較して驚くほどの違いが見られる。

こうした現象が何故生ずるかを理解するのはその思想家の見解がなお人類の頭を悩まし、その心をかき乱すような場合——例えば、プラトン、ルソー、ヘーゲル、マルクスなど――、まだしも容易である。またこれらの場合には、プラトンがその執筆に際して自ら身をおいた世界や言語が、われわれが確信をもって理解できるとはいえないような対象であるとか、ルソーやヘーゲル、マルクスが含蓄に富む思想家であり、彼らの作品は明晰さ、一貫性の点で模範とは言えないとか、付け加えることもできよう。これに対して『君主論』は小品であり、その文体は一般に非常に明快で、簡潔な、切れ味の良い文体と言われており、明晰なルネサンスの散文の一つの模範と言われている。『論考』も、政治論としては格別長い作品でなく、同じように明晰、明確な文体を具《そな》えている。しかしながらこれら二つの作品いずれの意義についても解釈の一致が全く見られないのである。この二つの作品は伝統的政治理論の枠内に吸収されることなく、依然として激しい感情的反応を喚び起している。『君主論』が過去四世紀にわたって、特に今世紀において、腕利きの実際政治家――彼らは通例古典的文献を熱心に読むことなどありえない人々である――の関心と称讃とを喚起したのは明らかな事実であった。

マキアヴェッリが述べたこと、ほのめかしたことの中に、異様に人々の心をかき乱し、深刻で絶えず不安をまき起す何かがあることは明らかである。現代の研究者たちは、『論考』(と『フィレンツェ史』)に見られる(大体において)共和主義的な見解と『君主論』における絶対的支配者への助言との間には、実質的あるいは外見的な矛盾があると指摘してきた。実際、これら二つの作品の間には論調の違いがあり、またこれらの執筆の年代順についてもさまざまな難問がある。ここから三百年以上にわたって、マキアヴェッリの性格、動機、信念についてのさまざまな問題が、文学者、言語学者、心理学者、歴史家に豊かな研究と思弁との対象を提供することになった。

しかし西欧人の感覚に衝撃を与えたのはこの点ではない。そしてまたマキアヴェッリの「現実主義《リアリズム》」、すなわち彼の野蛮で破廉恥な、冷酷な政策の擁護のみが後の多くの思想家を心底から狼狽させ、彼らの中のある者にこの力と欺瞞との弁護を説明しあるいは巧みに釈明するのを余儀なくさせたわけではなかった。それというのも悪人の栄えが見られるとか、不道徳な方途が利益をもたらすように見えるとかといった事実は、決して人類がそれまで気づいていなかったことではないからである。聖書、ヘロドトス、トゥーキュディデース、プラトン、アリストテレスの作品など、西欧文化の基本的な作品の中からあるものだけを取り出してみても、ヤコブやヨシュア、ダヴィデの性格、サウルに対するサムエルの助言、トゥーキュディデースのメロス島人とアテナイ人との対話あるいはアテナイ人のとった残忍な、しかし後に撤回された決定の少なくとも一つについての彼の説明、トラシュマコスとカリクレスの哲学、『政治学』におけるアリストテレスの僭主への助言、キケロの記すところのカルネアデスのローマの元老院での演説、ある利益の観点からするアウグスティヌスの世俗国家についての見解、それとは異なった観点からするマルシリオの見解、これら全ては政治の現実に光を投げかけることによって、マキアヴェッリをまつまでもなく理想主義に無批判に身をゆだねる軽信の徒に十分衝撃を与えるだけのものを具えていた。

したがって恐らく彼が他の先人たちよりも鋭く政治の現実を描き出したとしても、彼の与えた衝撃をそのしたたかな精神によってのみ説明しようとするのはほとんど不可能である。(2)この体質は最初のマキアヴェッリに対する抗議の声——すなわち、ポールやジャンティエの反応——を説明することができるとしても、ホッブズやスピノザ、ヘーゲル、ジャコバン主義者とその後継者などの見解に親しんでいる人々のマキアヴェッリに対する反応は、こうした彼の体質によっては説明できない。したがってマキアヴェッリの作品が相変らず嫌悪を惹起し、解釈者の間で意見の違いが見られるという事実を説明するには、何かそれとは違ったものが必要であることは確かである。この二つの現象は無関係ではないと思われる。この後の現象がどのようなものかを示すため、以下、一六世紀以来マキアヴェッリの政治思想について唱えられて来た相対立する解釈のうち、よく知られているものだけを挙げることにしよう。(3)

アルベリコ・ジェンティーリとギャレット・マッティングリによれば、(4)『君主論』の著者は一つの風刺《サタイア》を書いたのであって、彼自身自ら口にしたことを文字通り本気で主張したということは全くあり得ない。スピノザ、[5] ルソー、[6] ウーゴ・フォスコロ、[7] ルイジ・リッチ[8](彼は「世界古典叢書」の読者のために『君主論』の序文を書いている)によれば、『君主論』は一種の戒めを目的とする作品である。彼らによれば、マキアヴェッリはいかなる境遇にあっても熱心な愛国者、民主主義者、自由の信奉者であり、『君主論』は僭主がいかなる存在であり得、何をすることができるか人々に警告を発し、僭主に抵抗することは好ましいという意図の下に執筆されたに違いなかった(スピノザはこの点特に明快に述べている)。マキアヴェッリがこの点を公然と述べることができなかったのは、恐らく教会とメディチ家という二つの相対立する権力が同じように(そして正当にも)猜疑の念をもって彼を見すえていたからであった。それゆえ『君主論』は一つの風刺である(もっとも私にはこの作品ほど風刺に見えない作品はないように見えるが)。

A・H・ギルバートにとっては[9]『君主論』はそれとは全く違ったものであり、その当時の典型的なタイプの作品、すなわち、一つの「君主鑑」であり、ルネサンスおよびそれ以前(そしてその後)に極めてありふれた、明らかに先人の見解の借用と模倣とに満ちたジャンルの一つの具体例である。そして『君主論』は他の同種類のものよりも才知に富み、確かにより現実的な(しかもより影響力のある)作品であるが、しかしその様式、内容、意図において他とあまり異なるところはない。

ジュゼッペ・プレッツォリーニ[10]とヒラム・ハイドン[11]は『君主論』を反キリスト的作品である(この点で彼らはフィヒテその他に従っている[12])という、よりもっともらしい解釈をとり、その趣旨を教会とその諸原理に対する攻撃、異教的生活観の弁護にあるとしている。これに対してジュゼッペ・トッファニン[13]はマキアヴェッリを幾分特異ではあるがキリスト教徒であることに変わりはないと考えている。非常に秀《すぐ》れたマキアヴェッリ伝を書いた、存命中のロベルト・リドルフィ[14]やレースリィ・ウォーカー(その『論考』の英語版において[15])も、こうしたキリスト教徒マキアヴェッリという見解を完全に否定する立場をとっていない。実際、アルデリジオ[16]はマキアヴェッリを真摯なカトリック教徒と見なしている。もっともこの点ではリシュリューの代弁者カノン・ルイ・マコンの『マキアヴェッリ弁護論[17]』、一九世紀の匿名の編者の手になる『ニッコロ・マキアヴェッリの著作から忠実に抽出された宗教上の格率[18]』(この作品についてはリドルフィがマキアヴェッリ伝の最後の章で言及している)の方が、もっとキリスト教徒マキアヴェッリというテーゼを大胆に打ち出している。

ベネデット・クローチェ[19]や彼の見解に従う人々からすれば、マキアヴェッリは苦悶するヒューマニストであり、自ら描くところの犯罪行為が人々に与える印象を弱めようと試みるどころか、人間の悪徳のゆえにそうした悪行が政治の世界では避けることができないことを嘆き悲しんだ人間であった。したがってマキアヴェッリは、政治上の目的が道徳的に見て邪悪な手段によってのみ達成されうるという世の中の現状を考察しながら、「時々道徳的嫌悪感を催した」[20]モラリスト、その意味で政治の領域と倫理の領域とを分離した人物であった。これに対してスイスの研究者ヴァルダー、ケーギ、フォン・ムラールトによれば[21]マキアヴェッリは平和を愛するヒューマニストであり、秩序、安定、人生の悦楽の信奉者であり、人間性に潜む攻撃的要素を文明を伴った調和状態へと秩序づけることを可能だと考えていた。そしてこの調和状態を最も美《うる》わしい形で実現していたのが、当時自ら武器を執ることで有名であったスイスの民主政であると彼には思われたのである。[22]

新ストア派のユストゥス・リプシウス、それから一世紀後のアルガロッティ(一七五九)、アルフィエリィ(一七八六)[23]にとってはマキアヴェッリは情熱的な愛国者であった。その彼にとって、チェーザレ・ボルジャはもし生きていたならば、イタリアを踏みつぶし、イタリアを悲惨、貧困、堕落、無秩序に陥れた野蛮なフランス人、イスパニア人、オーストリア人からイタリアを解放したと思われる人物であった。ギャレット・マッティングリ[24]はこの見解の正しさを疑っている。何故ならば、チェーザレが無能で、一個のいかさま師、卑劣な落伍者であったことはマッティングリにとってのみならず、マキアヴェッリにとっても明らかであったに違いないと確信をもって言えるからである。またエリック・フェーゲリンは、マキアヴェッリがこの思いつきに駆られていた時点で念頭においていたのはチェーザレではなく、（誰よりも）チムールであったと示唆しているように見える[25]。

カッシーラー[26]、ルノーデ[27]、オルスキ[28]、ケイト・ハンコック[29]によれば、マキアヴェッリは政治的、倫理的にいかなる立場にもコミットしない冷淡な技術者、政治の客観的分析に専心する人物、道徳的に中立な科学者であり、（カール・シュミット[30]がわれわれに語るところに従えば）社会や歴史の世界に帰納的方法を適用した点でガリレオの先がけをなす人物であり、自らの技術上の発見の利用の仕方に全く道徳的関心を持たない――したがって解放者であれ専制君主であれ、善人であれ悪漢であれ、誰に対してもそれを同じように利用に供する用意がある――人間であった。ルノーデはマキアヴェッリの方法を「純粋な実証主義」と規定し、カッシーラーはそれを「政治の静力学」を扱うものと規定している。しかしフェデリコ・シャボーによれば、マキアヴェッリは冷静な計算とは全く無縁な、非現実主義に陥るほど情熱的な人間であった[31]。リドルフィもまた彼を偉大な情熱家と呼び[32]、デ・カプラリス[33]は彼をむしろ夢を追い求める人間と解釈している。

ヘルダーによれば、マキアヴェッリは何よりも時代の驚嘆すべき鏡であり、時代の特徴に敏感な人間であった。彼は他の人々が述べたり、気づいたりしなかった事柄を正確に記述し、鋭い同時代的考察の汲めども尽きぬ宝庫を提供している。[34]この見解はランケやマコーレー、バード、そしてわれわれの時代ではジェンナロ・サッソによって支持されている。フィヒテにとってマキアヴェッリは、人間を形づくり、その道徳性を変形させる本当の歴史的(あるいは超歴史的)力に対して深い洞察力を持つ人間であった。なかんずく、彼は政治的統一と中央集権化とのためにキリスト教の原理を拒否した人間であった。またヘーゲルにとって彼は、群小弱体君主国の無秩序な集まりを統一性を持つ全体へと結合することの必要を見抜いた天才であった。彼の唱える術策は嫌悪感を呼び起すかもしれないが、それらは今日から見て遠い過去の、マキアヴェッリの時代の状況に帰せられるべき、いわば偶然的要素である。彼の唱える個々の助言がいかに時代遅れであっても、彼はその時代の要求、すなわち、近代的、中央集権的な国家の誕生の時期が到来したというより重要な論点を捉えており、彼はその形成のために「真に必要な基本原理を確立した」のであった。[35]

ヘルダー、ヘーゲル、マコーレー、バード、デ・サンクティス、オレステ・トマジーニ[36]に共通するのは、マキアヴェッリは何よりも自らの世代——フィレンツェ人のみならず、何らかの程度においてイタリア人――に語りかけたイタリア人、愛国者であり、したがって彼についての判断はその歴史的脈絡の中でのみ、少なくとも主としてはその脈絡の中で行なわれなければならない、という立場である。しかしハーバート・バターフィールド(37)やラファエロ・ラマ(38)によれば、マキアヴェッリは科学的感覚のみならず歴史的感覚も欠いていた。すなわち、古典古代の著述家に魅了されていた彼の眼はもっぱら頭の中で描かれた過去に向けられており、(ラウリ・フォビネン(39)によれば)彼はその政治上の格率をある独断的公理から非歴史的、ア・プリオリな形で演繹している。そしてこうした方法自体、彼が執筆していた当時既に時代遅れとなりつつあった。この点で彼の古典古代の見境のない模倣は、彼の友人グィッチャルディーニの歴史的感覚と賢明な判断に比べて劣る(その意味でグィッチャルディーニの中に、近代の科学的方法の発見がむしろ示唆されている(40))と判断されることになる。

ベーコンにとって(スピノザおよび後年のラッサールにとっても)マキアヴェッリは何よりも最高の現実主義者《リアリスト》であり、ユートピア的幻想から自由な人間であった。ボッカリーニ(41)はマキアヴェッリの作品によって衝撃を受けつつも、その観察の鋭さや重大性を否定することはできなかった。同じようにマイネッケ(42)にとってマキアヴェッリは国家理性論の父であり、それによって西欧の国家に匕首《あいくち》を突き刺し、ヘーゲルだけがその治療法このような深手を負わせたのであった(ヘーゲルが治療法を心得ていたという認識は半世紀前のマイネッケの楽観的な見解であり、第二次世界大戦後こうした解釈は明らかに撤回された)。

ケーニヒによれば(43)マキアヴェッリは不屈の心を持った現実主義者や冷笑家などでは全くなく、当時の頽廃したイタリアの混乱とあさましさを逃れて純粋な技術の夢の中に安住の地を求めようとした審美的人間であり、理想の政治的風景を描く、実践には関心を持たない人間である点で(もし私がケーニヒの意図を正しく理解しているならば)、理想の国家を描いたピエロ・デッラ・フランチェスカと同様である。つまり『君主論』は何よりも新古典主義的、新しい田園生活趣味の、ルネサンス的スタイルの牧歌と見なされるべきである(しかしデ・サンクティスはその『イタリア文学史』第二巻において、マキアヴェッリの空想的ヴィジョンに対する敵対性を根拠に、彼を人文主義の伝統の中に加えるのを拒否している)。

レンツォ・セレノによれば(44)、彼の作品には確かに幻想が見られるとしてもそれは挫折感にさいなまれた人間のそれであり、「運命の女神《フォルトゥナ》の底知れぬ、絶えることのない悪意」(45)の犠牲者の発する「絶望的な祈り」(46)がその内容である。こうしたテーゼを証明するため、マキアヴェッリの生涯の中のある風変わりなエピソードの心理分析的解釈が行なわれている。

マコーレーによればマキアヴェッリは政治の実践家で、何よりもフィレンツェの独立のために心を向け、それを確保するためとあらばいかなる政体をも認める愛国者であった。(47) マルクスは『フィレンツェ史』を一つの「傑作」と呼び、エンゲルスは(『自然の弁証法』の中で)彼を啓蒙思想の「巨人」の一人、小ブルジョア的見解から自由な人間と述べている。ソビエトにおけるマキアヴェッリ批判はもっと両義的である。(48)

短命に終ることになるフィレンツェ共和国を再建した人々にとってマキアヴェッリは、打算的で不実なおべっか使い、いかなる主人にでも仕えようとし、メディチ家の好意を得ようとして追従したが失敗した人間以外の何者でもなかった。ジョージ・セイバイン(49)は(その周知の教科書の中で)彼を反形而上学的経験主義者、いわばヒュームやポパーの先駆者であり、反啓蒙思想や神学的、形而上学的前提条件から自由な経験主義者と見ている。アントニオ・グラムシ(50)によれば彼はすたれつつある封建貴族、教皇、それらの傭兵に対して攻撃を向けた革命的革新家であり、『君主論』は新しい、進歩的勢力の独裁を示唆する一つの神話、物語であって、究極的には大衆の来たるべき役割と新しい、現実主義的政治リーダーの必要とを物語っている。『君主論』は「集団的意志」の支配を「具体的な人間の姿を借りて象徴した作品」である。

ヤコブ・ブルクハルト[51]やフリードリヒ・マイネッケ[52]と同様、C・J・フリードリヒ[53]とチャールズ・シングルトン[54]は、マキアヴェッリは芸術品としての国家という観念を発展させたと考えている。すなわち、人間の結合体を築き、維持する偉大な人物は美をその目的として追求する芸術家にたとえられ、その欠くべからざる条件としてその素材を理解することが要求される。彼らはちょうど彫刻家が大理石や粘土から像を作り上げるのと同じように、人間たちを一定の型へと形づくっていくのである、と[55]。こうした見解によれば政治学は倫理学の世界を離れ、美学の領域へと近づいてゆく。シングルトンの論ずるところによれば、マキアヴェッリの独創性は政治行動を「実践」(アリストテレスやアクィナスはそれをここに属せしめた)——その目的は内在的、道徳的であってある外的事物の製作とは異なり、特定の種類の、正しい形の生き方、あり方の実現にある——の一形態としてではなく、アリストテレスの言う「製作」——その目的は非道徳的な製作物、人間の外部にある美しい、あるいは有用な事物の生産にある——の一形態として(したがってこの場合で言えば人間諸関係を一定の仕方で調整することを意味する)考えた点にあった。

この立場は、それが政治と倫理との分離をマキアヴェッリの主張とする点で、ヴィラーリ、クローチェその他とあまり異なるところがない。シングルトンはマキアヴェッリの政治学を非道徳的な性格を持つと考えられる技術の領域に属するとし、クローチェはそれに独立の地位、政治のための政治という地位を認めているのである。

しかし少なくとも政治思想家マキアヴェッリについての最も通俗的な見解は、依然としてかつてエリザベス朝時代の人々、特に劇作家、学者たちが懐いていたそれである。彼らによればマキアヴェッリは悪魔の手先として善人を破滅へと導く人間、甚だしく人間を堕落させる人間、悪の教師、悪行についての博士、聖バルテルミィの夜の策謀を吹き込んだ人間、イアーゴの原型である。これはエリザベス朝時代の文学に名高い、四百余に及ぶ「殺人鬼マキアヴェッリ」という表現に現われている[56]。彼の名は悪魔のそれまでの姿に新しい要素を付け加えることになった。イエズス会士アントニオ・ポッセヴィーノによれば彼は「悪魔の邪悪な道具」「神をもおそれない悪党」であり[57]、『君主論』はバートランド・ラッセルの説明[58]をレンツォ・セレノが敷衍したところによれば「ギャングのための便覧」である[59](これに対してムッソリーニは『君主論』を「政治家のための便覧」と呼んだが、これは他の国家の首長たちも暗々裡に共鳴するところと思われる)。こうしたマキアヴェッリ観は新教徒とカトリック教徒、ジャンティエとフランソワ・オトマン、ポール枢機卿、フリードリヒ大王によって支持され[60]、多くの反マキアヴェッリ論者——その最も近年のものの中にジャック・マリタンとレオ・シュトラウス[61]がいる

――は全てそれに従っている。

一見したところ、これほど甚だしい判断の分裂(62)があるのは奇妙な事態である。その思想の研究者にこれほど多様な顔を示した思想家は他にあったであろうか。その目的についてこれほど深刻かつ広汎な不一致を読者に喚起した思想家――しかもマキアヴェッリは哲学者とさえも認められていないのである――が他にあったであろうか。その上、私は繰り返さざるを得ないが、マキアヴェッリは不明瞭な形で物を書いたわけではなく、むしろ彼を研究するほとんど全ての人々がその簡潔で、飾らない、明快な散文のゆえに彼を称讃しているのである。

マキアヴェッリは何故にかくも多くの人々の関心を惹くことになったのであろうか。誰の目にも明らかな答から挙げてみよう。当時の一般の物の考え方の前提としてわれわれが教え込まれている事柄から彼はあまりにも自由であり、この点で人々が驚きを覚えるのは疑問の余地がない。例えば自然法という、キリスト教徒、異教徒、目的論者、物質主義者、法学者、神学者、哲学者などがある問題を論ずるに際して、マキアヴェッリ以前、いやむしろその後も数十年にわたって用いたこの基礎カテゴリーについて、マキアヴェッリは同じ問題を論ずる場合にも全く言及するところがない。言うまでもなく彼は哲学者でもなければ法学者でもなかったが、それにもかかわらず政治の専門家であり、多くの著作に親しんでいる人間であった。当時古いストア‐キリスト教的教義の持つ影響力は、かつてそれがイタリアで、特に初期人文主義者の間で持っていた影響力とは同じではなかった。マキアヴェッリは社会における人間の行動を新しい形で一般化することを行ないつつ、この前提を明確に否定、拒否しないまでも、明らかにその破滅を招くと思われるある種の前提に軽く一撃を加えたと考えられよう。結局彼の言うところによれば、彼の辿った道はそれ以前何人も足を踏み入れたことのない道であり、彼の場合、このことは決して単なる決まり文句ではなかった。それゆえ、当時の有名な思想家や学者が自らの意見を表明する際に用いた概念やカテゴリー――ルーティン化した装置――を彼があっさり無視したのは、尋常でない事態を物語っている。そして事実、ジャンティエは『反マキアヴェッリ論』の中でこの点を捉えてひとつひとつ彼を論難している。彼以前にあってあえてかかる挙に及んだのはマルシリオのみであり、フィギスは彼の思想と先行のそれとの間に劇的な断絶があるとしている[63]。

　キリスト教的心理学や神学――罪、恩寵、贖罪、救いといった――が欠けている点はそれほど驚くに値しない。それというのも当時の人文主義者たちもそうした言葉でほとんど語っていないからである。中世的伝統の影は薄くなっていた。しかしより注目すべきはマキアヴェッリにおいてプラトン的あるいはアリストテレス的神学の痕跡は全く見られず、何らかの理想の秩序への言及もなく、また偉大なる存在の連鎖や自然における人間の位置についての教説——これはルネサンスの思想家が深い関心を寄せたテーマであり、フィチーノ、ピコ、ポッジョは実質的にこの教説を自明のものと見なしていた——も全く触れられるところがない。マキアヴェッリにはポパーの言う「本質主義」的なるものが見られない。すなわち、ここには人間や社会集団が一定の方向へ——神や自然によって人間に植えつけられた目的を追求する形で——一貫して進歩することを人間の理性や直観に直接示すような、ア・プリオリな確言性を持つ言辞がないのである。方法からしても論調からしても全ては経験的であり、歴史の循環についての彼の理論も形而上学によって保証されているわけではない。

宗教に関して言えば、マキアヴェッリにとってそれは社会的に必要不可欠な装置であり、それだけ有益な社会の絆である。宗教の価値を判断する基準はそれが人々の団結と結合を促進する役割を果たすか否かにある。このように宗教が社会において決定的に重要であることを強調する点で、マキアヴェッリはサン・シモンやデュルケムの先駆者である。彼が最も称讃する人間は宗教の偉大な創始者である。ある種の宗教(例えばローマの異教)は、人々を強くし、あるいは勇気あらしめるがゆえに社会にとって好ましい宗教であり、これに対して他の宗教(例えばキリスト教的な従順と脱世俗性)は社会の衰退と分裂との原因となる。宗教上の絆が弱まることは社会一般の堕落、腐敗と一体不可分の関係にある。宗教はそれが社会的に見てもし有効であるならば、真理に基づいている必要はない(64)。ここから健全な精神的基礎の上に社会を築いた人々――モーゼ、ヌマ、リュクルゴス――に対する彼の尊敬が出てくる。

マキアヴェッリには神や神法の存在について何か真剣な仮定があるわけではない。マキアヴェッリの個人的信念がいかなるものであれ、無神論者は彼の作品を全くの知的安らぎの中で読むことができる。そこには権威や慣習に対する敬虔の念は見られず、個人の良心の役割や何らかの形而上学的、神学的議論についての関心は全く見当らない。彼の知っている自由とは政治的自由のみであり、恣意的、専制的支配からの自由としての共和主義と他の国々による統制からの一国の自由とがそれである。このうち後者はむしろ都市国家、祖国《パトリア》の自由と言った方が正確であろう(65)。それというのも「国家《ステイト》」という言葉をこの文脈で用いるのは時期尚早であるからである。

彼の作品には諸団体や非政治的集団――宗教的であれ、世俗的であれ――の権利やそれに対する義務という観念がそもそも見られない。いわば絶対的な、中央集権的な権力の必要(主権の必要ではないにしても)は当然のことと考えられている。また歴史的感覚なるものもほとんど見られない。人間はいかなる場所、いかなる時点においてもほとんど同じであり、古代人に非常に役立った事柄――彼らの医術、戦闘術、統治術のルール――は確実に現代人にとっても妥当するであろうと考えられている。伝統は主として社会的安定の源泉として評価されている。創造の秩序の目標である遥か彼方の神聖な出来事といったものはなく、プラトン的な個人や社会の理想といったものもなく、したがって物質的であれ精神的であれ、およそ進歩という概念が見られない。そこにある仮定は、（もし運命の女神にあまり悪意がないならば）十分な能力と意志、リーダーの側の有能さ《ヴィルトゥ》と適切に訓練され、勇敢にかつ巧みに指導された公民団とによって、古代の幸福な時代が再建できる、という仮定である。そこには不可逆的な出来事の一定の流れを暗示する言葉はなく、運命の女神《フォルトゥナ》も必要《ネチュシタ》も全ての存在を支配することなく、それを無視したり否定したりすれば不可避的に破滅が生ずるといった絶対的価値も見られない。

　マキアヴェッリに近代的な香気を与えている要因は二つ考えられる。第一にそれ以前の「君主鑑」の作者は言うに及ばず、エギディオやポンターノのような全く世俗的な人文主義者の作品においてさえなお残光をとどめる伝統的な歴史の形而上学のなごりから、彼が自由であることが疑問の余地なく挙げられる。第二はマキアヴェッリが来たるべき科学革命を神秘的な形で予兆することなど全くなく、常に自らの時代の具体的、実際的問題と関わっていたことである。しかし当時から今日に至るまで彼の読者をかくも深く魅了したり嫌悪感を惹起して来たのは、こうした性格でないことは明らかである。マイネッケの言葉によれば、「マキアヴェッリの教説は、西欧の政治社会に突き刺った剣であり、政治社会はそれによって悲鳴をあげ、自己自身との闘争状態に陥る」のである。[66]

マキアヴェッリの見解の中で何が人々をかくも狼狽させたのであろうか。マイネッケが言うところの「短剣」と「癒し難い傷」とは何のことであり、マリタンが雄弁にも論難した「人間の実践的知性によって惹き起された最も暴力的な四肢の切断」とは何のことであろうか。もしこれらの世紀にわたって彼の思想を衝撃的たらしめたのがマキアヴェッリの(仮借のない、しかしあまり独創的ではない)現実主義や彼の(相対的に独創的であるが、一八世紀にはかなりの広がりを見せた)経験主義でないとしたら、一体それは何であったろうか。[67]

彼の一人の注釈者によれば「格別なものは何もない。」すなわち、『君主論』は政府や支配者のタイプ、その維持の方法の一覧表を示したものに過ぎず、それ以上のものはそこには存在しない。『君主論』によって惹き起された「興奮と論争」とが、類を見ないほど明快で、道徳的に中立的なテキストについてのほとんど全ての人々の読み違えに基づくことは明らかである、と。[68]

私は公正を期するため、この一般的でない見解を引用した。この問題に対する私の回答は、それを述べるに先立ってマキアヴェッリの積極的信念をどのようなものと考えるかを述べる(どんなに短く、極めて単純な形においてであれ)ことによって、より明快になるであろう。

二

キケロやリヴィウスのように自らの理念を常に眼前に置いているローマの著作家たちと同様、マキアヴェッリの信ずるところによれば、人間——何らかの形で秀れた人間——の追求する目標や名誉は、強力で良く統治された社会を創り、その共同の努力によってそれを維持していくことにあった。これを成就するのは、これに関連ある事実を知っている人間のみである。もしあなたが過ちを犯し、妄想の中で生きているならば、何を試みたとしても失敗するであろう。それというのも現実を誤解する——それを無視したり、軽蔑したりするのはもっと悪いが——人間は常に最後は挫折するからである。われわれが自らの欲するところを成就できるためには、何よりもまず己れを理解し、次にわれわれの働きかける対象の本質を理解することが不可欠である。

それゆえ最初にしなければならない作業はこうした知識を獲得することである。マキアヴェッリにとってこの知識とは主として心理学的、社会学的知識であった。その情報は次の二つの供給源を結びつけることによって最も良く獲得できる。第一は同時代の現実についての鋭い洞察である。第二は過去の秀れた観察者、特に古代の偉大な魂の作品から拾い集められたさまざまの知恵である。（ヴェットーリ宛の有名な手紙で言っているように）マキアヴェッリは日常の些末な雑事から解放されるとこれら過去の賢人たちとの知的交流に向った。これら高貴な魂は人間らしい態度で彼を親切に遇し、彼の問いに回答を与えてくれた。そして人間には確固とした、活動的な政府が必要であることを教えてくれたのは正に古代の賢者たちであった。各人はそれぞれ異なった目標を追い求めているが、それぞれの目標を追い求めるためにはそれぞれにふさわしい手段が必要である。彫刻家、医者、兵士、建築家、政治家、求愛者、冒険家はそれぞれ異なった目的を追い求める。彼らがこうした活動ができるためには政府が必要である。何故ならばこれらさまざまな人間活動を自ずから調和に導くような隠れた手はどこにも存在しないからである（こうした形での問題への接近方法はフィレンツェおよび当時の人文主義に全く典型的なものである）。支配者が必要とされるのは、さまざまな利益に支配されている諸々の人間集団を統制し、それらの間の安全と安定、そしてとりわけ敵に対する保護を実現し、人々の必要と欲求を満足させることのできる唯一の社会組織を樹立するためには、こうした作業をする人間が要請されるからである。支配者がこうした目的を達成するためには彼らが個人的にも社会的にも健全である必要がある。適切な教育だけが、秩序、権力、名誉、成功を目ざして有効に共同作業するのに十分なほどの肉体的・精神的逞しさ、活力、大望、エネルギーを彼らに与えることができる。

事実とその事実を扱う方法とは支配者とその臣民とでは違った現われ方をするであろうが、統治術の存在そのものはそれによって影響を受けることはない(この点についてマキアヴェッリは全く疑問を懐くことがなかった)。支配者と臣民とではその視角が異なる。「風景画家は山々の特徴を観察しようとして自ら平地に身をおき、[……]低地の有様を観察しようとして山頂に登ってみる」(69)という違いである。確実なことは舵をしっかり握っている人間がいないならば、国家という船は浸水沈没してしまうということである。一人の有能な専門家がそれを指導しないならば、人間社会は混乱と惨めな状態に陥ってしまう。マキアヴェッリ個人は自由と共和主義的統治を望ましいとする論拠を持っていたが、しかし弱体な共和国よりも強力な君主(ヴァレンティーノ公や、もし彼の祈りが本心であるならばメディチ家でさえも)の方が好ましいという状況もある。

この見解はアリストテレスや後期ストア派も支持したことであろう。しかし人々が実際に追い求めているさまざまな目標を達成するのに不可欠な、統治の技術といったものが存在するという事実と、マキアヴェッリがその技術の用途に全く顧慮せず、道徳的に中立的な、「価値から自由な」科学的な政治への「指針」からなる一個のハンドブックをもっぱら執筆したこととは論理的につながるものではない。彼自身は自分が何を欲しているかを十二分に明らかにしているからである。

人間は行動と言辞双方にわたって研究されなければならない。支配者が扱う人間という素材について、ア・プリオリな形で知識を得るすべはない。しかし変化する状況へのその反応の幅を確定できる程度の、不変の人間があることは疑問の余地がない(マキアヴェッリの思想には体系的発展という観念や個人、社会を自らを変形させてゆく一個の存在とみる観念は全く見られない)。人は経験的観察によってのみこうした知識を獲得することができる。人間というものは、人間を理想化する人々――キリスト教徒あるいは他のユートピア主義者――や、人間が現在、過去において常に示して来たあるがままの姿と全く違ったものであって欲しいと考える人々が描く人間とは違ったものである。人間(少なくともマキアヴェッリが自らの議論の相手および素材として念頭においている彼の同国人)とは彼にとって多くは「忘恩で、気まぐれで、不誠実で、自らを偽り隠し、臆病で、貪欲で[……]傲慢で、さもしい。彼らは事が巧く運んでいる時には威丈高となり、逆境に遭遇すると情けないほど卑屈になる本性がある。[70]」彼らは自由にはほとんど関心を示さず――彼らが尊ぶのは自由の実質よりもその名前である――、自由に対して安全、財産、復讐欲の方を優先させるであろう。これら安全等の価値は支配者の側でもある適当な範囲で実現することができる。人間は容易に腐敗堕落し、それを矯正するのは難しい。彼らは恐怖の的に対しても好意を感ずる対象に対しても、したがって残酷なハンニバルに対しても、正義を愛し人情味豊かなスキピオに対しても共に敏感に反応する。もしこれら二つの感情が同一の対象について生じない場合、恐怖感の方が頼りになる。それも憎悪に変わらない限りにおいて常にそうであって、憎悪が生ずれば臣民が自らの支配者に対して懐くはずの最小限の尊敬の念さえも破壊されることになるであろう。

社会とは通常、さまざまなグループ間、グループ内での争いの場、戦場である。この対立は説得と力とを賢明に用いることによってのみ統制することができる。これはいかにして行なわれるか。医学、建築術、戦争術の場合と同様、われわれの知る限り最も成功を収めた社会、すなわち古典古代の社会の実践(と理論)に注目することによってのみ、われわれはこの必要な技術についての体系的知識を獲得することができるというのである。

マキアヴェッリの理論は確かに一七世紀の科学的原理に基づくものではない。彼はガリレオやベーコンよりも百年前の人間であり、その方法は幾分前科学世界の経験医学に似ており、観察、歴史的知識、一般的知恵といった経験の混合である。マキアヴェッリの作品には実に多くの勧告、有益な格率や実践上のヒント、バラバラの考察、特に歴史的類似性の指摘などがある。そして彼は自らが一般的法則、永遠に妥当性を持つ一般法則を発見したと主張する。古代世界における勝利や敗北の例、古代の著述家の印象深い言葉は、(バターフィールドやラマが正当に指摘したように)グィッチャルディーニを巨匠とする、当時一般的になりつつあったタイプの歴史分析の場合とは比較にならないほど彼によって重視された。

何よりも彼が人々に対して警告したことは、人間をあるがままに見ずに、自らの希望や願望、愛情や憎悪などによって色どられたイメージを通して見る人々、人間が現在、過去、未来においてどうあるかでなく自らが欲する理想化された人間のモデルに従って見る人々から、自らを守るようにということであった。誠実な改革者は、その理想がいかに価値あるものであれ、マキアヴェッリが仕えたピエロ・ソデリーニや素晴らしい才能を具えていたサヴォナローラ(彼に対するマキアヴェッリの態度は激しく動揺している)の如く、主としてあるものとあるべきものとを取り違えたがゆえに、したがってある点において非現実主義に陥ったがゆえに、他の人々の破滅をもたらすことになった。

彼らは互いに異なった気質を持っていた。サヴォナローラは強い意志の持主であったのに対して、ソデリーニはマキアヴェッリの見るところ狭量で、優柔不断であった。しかし彼らは権力をどう用いるかを適切に理解していない点では同じであった。決定的事態の下で彼らは政治における現実的真理、すなわち現実に政治を動かしているもの、現実の権力、強大な軍勢についての感覚の欠如を共に暴露した。マキアヴェッリの作品の中では当てにならない情報源、例えば亡命者に対して警戒すべきことがしばしば述べられているが、これは彼らの心がその期待によって歪み、事態を客観的に見る力がなく、また他の者の場合はそのヴィジョンを歪める情念が理性を曇らせる(これは人文主義者にあっては決まり文句である)からである。

そのような政治家を破滅に導くのは何であろうか。しばしば彼らの理想そのものがその原因となる。これらの理想のどこが悪いのか。それは達成可能でないからである。それでは達成可能かどうかはいかにして知ることができるのか。マキアヴェッリが第一級の思想家たる地位を要求できるか否かは、一つにはこの問題についての回答に全てかかっている。マキアヴェッリは地上においてどのような社会の実現を期待するかについて明瞭なヴィジョンを持っていた。こういう言い方は彼のように具体的な問題と現実的適用に心を配る思想家にはあまりに大げさであるというのであれば、少なくとも彼は自らの国において、恐らくその生きている間に、そしていずれにせよそう遠くない将来において実現させたい社会について、明快なヴィジョンを持っていたと言ってよい。彼はそうした秩序は建設可能であると知っていたが、その理由はこうした秩序ないしそれに極めて近い秩序がかつてイタリアや他の地域――スイスやドイツの都市、当時の大中央集権国家――において実現されていた点にあった。したがって彼はそうした秩序をイタリアにおいて建設、再建することを単に望んだだけではなく、イタリアには歴史や観察の教えるところに従えば人間によって達成可能な極めて好ましい条件が具わっていることに気づいていたのである。

観察のデータの多くは当時のイタリアから取られ、歴史について言えば、大歴史家や彼の最も称讃する著作家、すなわち、ローマ人、ギリシャ人、旧約聖書の著者の記すところが彼にとってのデータとなった。人々が絶頂を極めたのはどこにおいてであったか。ペリクレス時代のアテナイと人類史の中で最も偉大な時期、すなわち、世界を支配した没落以前の共和政ローマがそれであった。しかしまたネルヴァ帝からマルクス・アウレリウス帝に至る「善良な」皇帝の統治も称讃される。彼はこれらの時期が人類史の黄金時代であることを証明する必要を感じなかったが、それは彼の信ずるところ、これらの時期を考察し他の悪しき時期と比べる人には自明であったからである。悪い時期としては、共和政ローマの末年、それに続く崩壊、野蛮人の侵入、暗黒の中世(もっとも彼自身がこうした言葉で中世について語っているわけではない)、イタリアの分裂、北方や西方の巨大な、良く組織された国民国家の軍隊によってまさに踏みにじられんとする分裂に苦しむイタリア小君主国の弱体、貧困、悲惨、無防備などが念頭にある。

彼はこうした点について長々と論ずる労をとらない。イタリアが物質的にも道徳的にも共に劣悪な状態にあることは彼にとって(当時の多くの人々にとってと同様)あまりにも明らかであった。彼は、悪徳、腐敗、弱さ、人間にふさわしくない生活という言葉で何を意味しているかを説明する必要がなかった。良き社会とは安定、国内の調和、安全、正義、力と栄光との感覚がある社会のことであり、最盛期のアテナイ、スパルタ、ダヴィデやソロモンの王国、かつてのヴェネツィア、そして何よりも共和政ローマこそこうした社会であった。「実際アテナイがペイシストラトスの僭主制から自由になって百年の間に、いかに巨大になったかを考えるならば驚嘆の念にかられる。しかし何にもまして、ローマが王の支配から自由になった後にどのように偉大な国家となったかを観察するならば、驚嘆の念は一層強いものとなる。」(71)

こうした繁栄が生じたのは、これらの国家に都市国家を偉大にする方法を知っている人間がいたからである。彼らはそれをどのようにして成就したか。それは人間の持ついくつかの能力、すなわち、内面的な道徳的力、度量の大きさ、精神力、活力、寛大さ、忠誠心、特に公共心、公民としての意識、祖国の安全や力、栄光、領土拡大に対する献身を発展させることによってである。古代人はあらゆる手段を用いてこうした資質を育成した。その中には人々の感覚を燃え立たせ、男らしい勇敢さを喚起する目もくらむばかりの見せ物や血生臭い犠牲などがあった。そして彼らの異教的徳を助長する上で貢献したのが立法と教育であった。国家を偉大ならしめるのは権力、壮大さ、誇り、禁欲、名誉の追求、精神力、訓練、先人の徳である。アゲシラオス、ティモレオン、ブルートゥス、スキピオは彼らの英雄であり、これに対して共和政体を破壊し、人間の弱さを利用することによって人々の勇気を破壊したペイシストラトスやユリウス・カエサルは英雄ではない。もちろん、ギリシャ‐ローマ世界の範囲に議論を限定する必要はなく、モーゼとキュロスはテセウス、ロムルス同様、尊敬に値する人物であり、国民の礎を築き、彼らによって正当に尊敬されている厳しく、賢明で、清廉な人物であった。

かつて一度なされたことは再度可能である。マキアヴェッリは歴史過程の不可逆性やその各々の段階の独自性の信奉者ではない。もし精力的で有能な、現実を十分把握した人間がその目的のために動員されさえするならば、古代の栄光の再建は可能である。堕落し、いわば病気の状態にある人々を治療するために、新しい国家や教会の創始者は無慈悲な措置、力、欺瞞、策謀、残酷、裏切り、無実な者の殺害、腐食した肉体を健康な状態に戻すために必要な外科的処置に訴えざるを得ないだろう。そしてこうした方策は実際には社会が健康を回復した後においてもなお必要であろう。それというのも人間は弱く愚かな存在であって、必要な高さに保っておかなければ標準からもずり落ちかねず、したがって明らかに通常の道徳には背反するような手段によって、彼らを一定の状態に止めおくようにしなければならないからである。しかしこの方策が道徳に反するならば、それはどのような意味で正当化されうるであろうか。この点は私にはマキアヴェッリの全思想の結び目のように思われる。それはある意味では正当化できるが、他の意味ではできない。したがってこの二つの意味を彼が必要と考えた以上に明瞭に峻別しなければならない。実際のところマキアヴェッリは哲学者ではなく、自らの観念の意味するところを吟味したり、更には注意深く説明することを自らの任務としていないからである。

この点をより明らかにするよう試みてみよう。一般に言われているところによれば、特にクローチェの意見に従う人々によれば、マキアヴェッリは政治を道徳から区別した。つまり彼は一般の見解によれば道徳的に批判される方策――例えば国家の利益のために死体を踏みつぶして進むこと――を政治的に必要なものとして推奨したと言われる。(72) 彼の国家概念がいかなるものであったか、そして実際にこうした概念があったかという問いをしばらく措くならば、この説は私には誤った対立命題のように思われる。何故ならばマキアヴェッリにとって彼の擁護する目的とは、彼の考えるところでは現実を理解する賢明な人間が生命を賭けるべきものであり、この意味で最終目的はそれがユダヤ－キリスト教的であるか否かにかかわらず、通常の道徳的価値を持つと考えられるものであるからである。

マキアヴェッリは特殊道徳的価値と特殊政治的価値とを区別したのではない。(73) 彼が成就したのは、クローチェや他の多くの研究者がマキアヴェッリの冠たる業績とみなしている、倫理あるいは宗教からの政治の解放ではない。彼が樹立した区別はより深いものであって、それは二つの非両立的な生活の理想、したがって二つの道徳の区別である。一方の道徳は異教的世界のそれであって、勇気、精神力、逆境での堅忍不抜、公共への功績、秩序、訓練、幸福、強さ、正義、なかんずく自らの正当な要求の主張、および要求の充足に必要な知識と力に価値をおいている。ルネサンスの読者の目には、理想のアテナイでこれを体現していたのはペリクレスであり、リヴィウスはそれを古いローマの共和政に見出し、タキトゥスとユウェナリスはそれぞれの時代においてその没落を慨歎している。マキアヴェッリにとってこれらの時代は人類の到達した頂点であり、ルネサンスの人文主義者としての彼はそれを再建しようと欲したのである。

こうした道徳世界(これはクローチェ的意味でも伝統的意味においても道徳的、倫理的である、すなわち、その目的がどのようなものと考えられたにしろ、人間の究極目的が姿を現わしている)に対抗するのが、何を措いてもまずキリスト教の道徳である。キリスト教の理想は慈悲、あわれみ、犠牲、神に対する愛、敵の赦し、この世の財に対する軽蔑、彼岸での生活への信念、比較を絶する価値を持つ個人の魂の救いへの信仰である。これらはいかなる社会的、政治的、その他地上の目的や、いかなる経済的、軍事的、美的考慮よりも高度の価値であり、これらと同一に論ずることは全く不可能である。マキアヴェッリは、このような理想を信じてそれに従って行動する人々によってはローマ的な意味での満足に値する人間の共同体は原則として築くことはできないと主張する。そこでの問題は単に人間の不完全性や原罪、不運、無知、物質的手段の不十分さのゆえに理想が実現できないという点にあるのではない。換言すれば、通常の人間がキリスト教的徳の十分高いレベルに現実に到達できない(実際、これは罪深い地上の人間にとっては免れ難い運命であろう)こと、良きキリスト教国家を樹立したり、それを追い求めることさえ現実にはできないこと、が問題なのではない。全く反対にマキアヴェッリは、俗にキリスト教の中心的徳目と言われているものこそ、その内在的価値がいかなるものであれ、彼が実現しようとする類の社会の建設にとって克服し難い障害物であると確信していた。その上こうした社会を欲するのは普通の人間にとって当然であり、この類の共同体は彼の見解によれば人間の永遠の欲求と利益とを満足させるものであった。

もし人間が現にあるのと違った存在であれば、おそらくキリスト教社会の理想を実現できたであろう。しかしその場合、人間は現にあるのとはあまりに異なった存在であることを要求されることは明らかである。地上に存在できない人間のために社会を構築したり、その展望を論ずることは全くの無駄であり、それは肝心な点を逸した、夢と致命的妄想とを生むおしゃべりにすぎない。為されるべきことは、空想ではなく実現可能な事柄に即して規定されなければならない。統治術は人間の可能性の範囲――それがいかに幅を持つにしろ――での行動を扱う。人間は変化しうるが、想像を絶するほどに変化することはできない。天使にのみ適合的な理想の方策を擁護することは幻を追い求める、無責任な態度であって、破滅を招くことになる。そしてマキアヴェッリの目には、これまでの政論家はあまりにもしばしばこの種の議論を行なって来たように思われたのである。

重要な点として認識しなければならないのは、キリスト教徒が善と呼ぶものが実際善であり、彼らが徳や悪徳と呼ぶものが実際に徳や悪徳であることをマキアヴェッリが否定しようとしていない点である。ホッブズやスピノザは（さらには一八世紀の哲学者たちやその点に関する限り初期ストア派も)、彼らのいういわゆる理性的人間がもし自己矛盾に陥らないならばある種の共同体の構築を欲するに違いないという立場から、道徳的観念を定義(再定義)しようとした。マキアヴェッリはこれと異なり、通俗的観念、伝統的な、人類が久しく受容して来た道徳用語に正面から反対することはしなかった。(さまざまな急進的な哲学の改革者たちは)謙譲、親切、彼岸性、神への信仰、神聖性、キリスト者の愛、不動の誠実さ、同情などを悪い、あるいはつまらない人間の性格であると言ったり、また残酷、不誠実、権力政治、社会的必要のために無実の人間を犠牲にすること等を良いことであると言ったりしたが、マキアヴェッリはかかることを言ったり、ほのめかしたりすることはなかった。

しかしながら歴史と賢明な政治家の洞察——特にそれが古代世界において、実践(現実的真理としての)において検証されている限りにおいて——が人間を導くべきであるならば、柔和や魂の救いといったキリスト教の徳目と、地上における満足に値する、安定した、活力ある、強力な社会とを結合することが実際には困難であることが知られる。したがって人間は選択をしなければならない。キリスト者にふさわしい生活を営むという選択をすることは、自らが政治的に無能であることを宣言するに等しい。つまり彼は強力で、野心的で、抜け目のない、良心を欠いた人間によって利用され、押しつぶされることになる。他方もしアテナイやローマの如き栄光に満ちた共同体を可能な限り実現しようと欲するならば、その人はキリスト教的教育を放棄し、自らの目的によりふさわしい教育をそれに代えなければならない。

マキアヴェッリは哲学者でなく、抽象的な形で議論を進めはしなかった。しかし彼のテーゼの示す結論は政治理論にとって重要な問題を提起した。それは人々が直面したがらない事実、すなわち、人々が信ずることが可能な（そして至高の存在にまで高めることが可能な、と付け加えよう）これら二つの目的が、相互に両立できないという事実に他ならない。彼の考えによれば、人々は通常の場合その道がどこに続いているにしろ、この二つの道のどちらかを断乎として採ることができない（「人々は最も有害な中間の道を歩む。実際彼らは完全な善人にも完全な悪人にもなることができない」[74]）。彼らは両者の妥協を試み、両者の間を右往左往し、あぶはち取らずに終り、結局のところ優柔不断で破滅を招く。

政治的有効性を損う結果をもたらすものは、それが何であれマキアヴェッリによって弾劾される。『論考』の有名な一節において彼は、キリスト教徒は「害悪に対して復讐するよりもそれを耐え忍ぶことに心を用いた」がために、キリスト教信仰は人間を「柔弱」にし、簡単に「邪悪な人」の餌食になる結果を招いた[75]と語っている。キリスト教の教えは一般に公民の精神を破壊し、人々が不平を言うことなく屈辱を忍ぶように仕向けた。その結果、国家を破壊する者や専制君主はほとんど抵抗に出会わないことになった。したがってこの点に関する限りキリスト教は、人間をより強く、より「残忍に」[76]するローマの宗教と比べて好ましくないものと判断される。

マキアヴェッリはこうしたキリスト教に対する判断を、少なくとも二カ所において修正している。第一にこうした不幸な結果が生じたのはキリスト教が閑暇の精神――静観主義または怠惰――にそうように誤って解釈されたからであって、キリスト教そのものの中には「祖国の改善と防衛」とに尽力するのを禁ずることは確かに含まれていない[77]、と彼は主張する。第二に「キリスト教の始祖の与えた形式がキリスト教君主たちの間でずっと保持されていたならば、キリスト教国、共和国は現に見られる以上に一致団結し、もっと幸福であったであろう」[78]と彼は宣言する。それが反対の結果をもたらしたのはローマ教会の体現する堕落したキリスト教であり、教皇権はイタリアにおける「あらゆる敬虔と宗教」のみならず[79]、その統一を破壊したのである、と。

ここではこうした言葉を文字通り受け取り、聖職者による検閲や迫害を免れるための最低限のリップ・サーヴィスの一つとは考えないことにしよう。その場合でもそこで主張されているのは、もし教会がローマ人の古人の徳の伝統に従って愛国主義的で極めて好戦的な態度をとり、その結果、人々が勇敢で、強靭で、献身的で、公共精神にあふれた存在になっていたならば、より満足に値する社会的結果が生じただろう、ということである。教会が実際に行なって来たことの結果、一方では腐敗堕落と政治的分裂が生じ――これは教皇権の責任である――、他方では彼岸への志向と死後の永遠の生のために地上では苦しみをおとなしく耐え忍ぶことが生じた。このうち後者の傾向は社会組織を解体し、悪漢や圧政者を助けることになる。

ローマ教会に対する彼の政治的批判は、グィッチャルディーニやその他同時代人と共通であり、恐らく宗教改革こそ彼の最も熱心な同盟者であったであろう(私の知る限り、「修道僧たちの間の争論」のニュースが彼の耳に届いたという証拠はないが)。彼がキリスト教に要求したのは、純粋な良心の浄福や地上における成功に優越する天上の世界への信仰を植えつけるのでなく、名誉への愛を高め、柔和、諦観に対する自己主張の優越性を認めることとであったが、こうした要求を満たすのは困難であったであろう。極めて強力な状況にあるローマの異教には何ら批判すべき点はなかった。マキアヴェッリはそれに似たような宗教を要求する――必ずしも完全に反キリスト教的である必要はないが、実際的目的にとって有効な程度に逞しい宗教を。(80)(フィヒテやプレッツォリーニの語る(81)ところによれば)マキアヴェッリは真のキリスト教の諸制度の擁護者であるよりも、むしろその不倶戴天の敵であるといわれているが、以上述べたことからこうした結論を引き出すのは不当でないように思われる。この点で彼の見解を継承したのは、彼の人間観や人間の必要についての考え方を共有した後代の思想家たち(一八世紀の唯物論者、ニーチェ、社会ダーウィン主義者)や、公民の理想の観念を共有する人々(ルソーや若干の一九世紀の実証主義者たちの如き)であった。

マキアヴェッリが正面切ってキリスト教道徳、あるいは当時の社会で認められていた価値を論難しなかった、という事実に注目することは重要である。ホッブズやスピノザのような体系的道徳学説の持主と異なり、利己主義的合理主義に合致するように言葉を再定義したり、憐憫、謙譲、自己犠牲、従順といったキリスト教的徳目は愚かさや悪徳であることを証明しようなどと試みることはなかった。彼は何物も置き換えることがなかった。人々が善と呼ぶものは実際に善であった。*buono*(善い), *cattivo*(悪い), *onesto*(正直な), *inumano*(無慈悲な)といった言葉の用法は当時の一般的用法、われわれのそれと同じであった。彼が言ったのは唯一つ、こうした徳目を実行していてはあの社会――それはいったん、史書や政治的想像力を介して人々の思考の対象となるならば、われわれ全てに憧れの念を喚起するであろう――を創立することは不可能であるということであった。

一つの決定的に重要な一節が『論考』の第一巻第一〇章にある。そこで彼はタキトゥスやディオに従ってローマ皇帝を良い皇帝と悪い皇帝とに区別し、「もし君主が人間の生まれであれば、彼は悪しき時代を模倣するのを恐れおののき、全力を尽して善き時代のあり方に従うべく熱中するであろう」と付言しているが、ここでの「善い」は明らかにある非キリスト教的な意味を持っている。ウィットフィールドの考えによれば、マキアヴェッリは悲観主義者でもなければ冷笑家でもない。恐らくマキアヴェッリは冷笑家ではない、しかしこの規定はデリケートであり、実際冷笑（および悲観主義）と断乎たる現実主義とを区別するのは時々容易ではない。他面、マキアヴェッリは言葉の普通の意味で、希望に満ちた人間でもなかった。しかし彼の時代から今日に至る他の人文主義的教養を持つ思想家たちと同様、真理――浅薄な道学者の語る優美な物語でなく、本当の真理――が人々の知るところとなりさえすれば、その真理は人々が自らを理解し、更なる発展を遂げる上で助けになると信じていたのである。

その上彼は、この良き時代を再生するのに必要な人間の資質は、キリスト教教育が勧める資質とは両立しないものであると信じていた。彼はキリスト教の言う善き人間についての考え方を是正しようとは試みない。聖者といわれている人は実は聖者でないとか、尊敬に値するとされている行為は実はそれに値するものでも、称讃されるべきものでもない、といったことを彼は口にしなかった。彼が言ったのは唯一つ、こうしたタイプの善は、それが少なくとも伝統的な形をとる限りにおいて、強力で、安全、活力ある社会を形成、維持することはできず、むしろそれにとって致命的である、ということであった。彼の指摘によれば、こうした理想を追い求める人間はこの世において破れ、他人をも破滅に導くことにならざるを得ない。それというのも彼らの世界についての見方は真理に基礎を置かず、少なくとも――成功と経験とによって検証された真理としての――現実的真理に依っていないからで、この現実的真理こそ(それがいかに残酷であっても)最終的には他の理想(それがいかに高貴であっても)よりも害を及ぼすことが少ない。

先に挙げた二つの個所を文字通りに受け取るならば、キリスト教は、少なくとも理論的には、マキアヴェッリが称讃するような資質と両立可能な形式をとることができるであろうが、彼が思想のこの道筋を追跡しなかったとしても驚くには値しない。歴史はそれとは違った展開を示している。そのようなキリスト教国家という理念――もし彼がそれに真剣に取り組んだとして――は彼にとって、全ての人々または大多数の人間が善良な世界と同じくユートピア的理念であったに違いない。キリスト教の諸原則は人間の公民としての徳目を弱める。ありそうにもない状況の中でキリスト教がなおどのような形をとるか、とりうるかについて思いを巡らすことは、彼にとって単なるむだで(そして危険な)気晴らしに過ぎなかったであろう。

キリスト教徒とは、彼が歴史や自らの体験を通して知っていたように、キリスト教の教えに実際に従って行動する人間であり、善き人間であった。しかし彼らがこの原則に則して国家を統治するならば、彼らは国家を破壊に導くことになる。ドストエフスキーの『白痴』のムイシュキン公爵のように、フィレンツェ共和国のお人好しの正義の旗手のように、サヴォナローラのように、彼らは現実主義者たち(メディチ家、教皇、スペイン王フェルディナンドのような)——永続的な制度をどのようにして構築するか、そして必要な場合には無実の犠牲者の死骸の上にそれを建設することを理解している——の前に必ずや敗れ去る。私はもう一度強調したいのは彼が明白にはキリスト教道徳を弾劾していないという点である。彼が述べたのは唯一つ、少なくとも支配者の場合(ある程度は臣民の場合においても)この道徳はマキアヴェッリが当然と考え、それを追い求めるのは人間にとって賢いと考えているこれらの社会的目的とは両立しないという点である。人間は自らの魂を救うことができるし、あるいは偉大で、栄光ある国家を樹立し、維持し、それに仕えることができる。しかしいつの場合でも同時に双方を実現することはできない。

これはアリストテレスが『政治学』の中で善き人間は善き公民とは同一ではないかもしれないと付随的に述べたことを大々的に、しかも雄弁に展開したものである(もっとも、アリストテレスは善き人間を魂の救いとの関連で考えていたのではなかったが)。マキアヴェッリはどちらの生き方の方が価値が上であるとは明言していない。彼が「憎悪は善き行為によっても悪しき行為によっても惹き起される」[83]という時、「善き行為」とはキリスト教的価値の下で生活して来た人間が頭に描くものと同じことを意味している。更に、誠実、高潔であることはかりにその人が失敗に終ったとしても「称讃に値する」と語る時、彼が「称讃に値する」[84]という言葉で表現しているのはそうした人間を称讃するのは正しいということであり、その根拠には善きこと(通常の意味)は善いという判断がある。彼がスキピオ、キュロス、ティモレオンの「慈悲深さ、愛想の良さ、親切、寛大さ」[85]やメディチ家出身の教皇レオ一〇世の「善良さ」さえ讃える時、彼の言葉は(それが真剣なものであるか否かはともかくとして)、キケロ、ダンテ、エラスムスそしてわれわれに共通の価値に基づいて語られている。有名な『君主論』第一五章において彼は、寛大さ、慈悲心、道義心、人間味あること、率直さ、純潔さ、宗教等々を実際に徳であると述べ、もし人間が完全に善良であるならばこうした徳目に従って実際に生きる人間は成功するであろうと語っている。しかし人間は決してそのように善良ではなく、彼らがそうなるのを期待するのは無駄である。われわれはあるがままの人間を引き受け、彼らを不可能な仕方でなく可能な仕方において改善するようにしなければならない。

この作業に際して、人々に恩恵を施す人々——建国者、教育者、立法者、支配者——は恐るべき残酷な行動に訴えることを余儀なくされる。「君主が先に挙げたような、善と考えられているような資質を自ら示すことが非常に称讃に値することである、と万人が認めるのを私は知らないわけではない。しかし人間の状況がそうした行動を許すようなものではないため、いかなる支配者もそうした資質を持っていないか、持っていても実行することができない。[86]」彼はその目的を達成するために、時に応じて全く違った行動をとらざるを得ない。モーゼ、テセウス、ロムルス、キュロスは全て人を殺したが、彼らの創造したものは永続性を持ち、栄光に満ちたものとなった。「善良であるのを自らの任務であるといかなる状況の下でも主張する人は、善良でない、多くの人間の中で必ずや破滅する。したがって君主は[……]善良でない能力を獲得し、必要に応じてそれをいつ用い、いつ用いないかを理解しなければならない。[87]」「もし全ての人間が善良であるならば、この格率[利益が命ずるならば約束を破るという]は善くはないであろう。しかし[……]彼らは邪悪である。[88]」力と悪知恵に対しては力と悪知恵をもって対抗しなければならない。

道徳的に見る限り獅子と狐に象徴される資質はそれ自身称讃に値するものではない。しかしこの両者の結合によってのみ都市国家が滅亡を免れるのであれば、政治指導者はすべからくこうした資質を涵養しなければならない。彼らはこれらの資質を彼ら自身の利益のために用いなければならない。マキアヴェッリにとって人が政治指導者になるか否かはどうでもよいことであるが、しかし人は政治指導者になりうるためにはそうした資質を用いなければならない。しかしこの資質はそのためにのみ用いられるのではない。人間社会は事実政治指導者を必要としており、権力、安定、有能さ、偉大さを効果的に追求することによってのみしかるべき存在となることができるからである。これらが達成されるのは人々がスキピオやティモレオンによって率いられる場合であり、状況が悪ければもっと無慈悲な人間によって指導されなければならない。ハンニバルは残酷な人間であり、残酷であるのは誉めるべき資質ではない。しかし健全な社会は征服によってのみ建設されることができ、そのためには残酷さが必要とされるならば、それなしで済ますことはできないに違いない。

マキアヴェッリはサディストではなかった。つまり自らの讃え、推奨する類の社会を建設し、維持するためには無慈悲な行為や詐術に訴える必要があるということを、彼は決して快感をもって見ていたわけではない。彼が極めて野蛮な見本と処方箋を主張するのは唯一つ、人々が完全に腐敗堕落し、それを健全ならしめるためには荒療治が必要な場合――例えば新しい君主が権力を掌握したり、邪悪な君主に反対する革命を実効あるものにしなければならない場合——に限られる。社会が相対的に健康であったり、支配者が伝統や世襲によって決定され、公共精神によって支持されている場合、暴力のために暴力に訴えることは全くの誤りであろう。何故ならば政府の目的は秩序と調和、強さを実現することにあるのに、こうした暴力行使は結果的に社会秩序を破壊するからである。たとえあなたが獅子と狐との資質を持っているとしても、アゲシラオス、ティモレオン、カミルス、スキピオ、マルクスの如くさまざまな徳——清廉、親切、慈悲、人間性、寛大、道義心——を具えることができる。そしてもし状況が暗転し、裏切りに満ちた世界に自ら身をおくような場合には、フィリッポス、ハンニバル、セウェルスを模倣する以外に手はないのではなかろうか。

たんなる権力欲は破壊的性格を持つ。ペイシストラトス、ディオニュシオス、カエサルは僭主であり、多くの害を与えた。シラクサの僭主アガトクレスは同朋市民を殺し、友人を裏切り、「信義も慈悲も信仰もない」(89)形で権力を掌握したが、その行為はあまりにも行き過ぎ、したがって名誉を得ることができなかった。「彼は悪逆非道な残酷さと非人間性に発する数知れぬ悪行によって」(90)成功を収めたが、しかしこれほどの悪行はそのために必要ではなく、したがってパンテオンに入ることは許されない。そして彼の近代における同類である野蛮なオリヴェロット・ダ・フェルモはチェーザレ・ボルジャによって殺された。しかしこうした獅子と狐の資質を全く欠くならば失敗間違いないことは依然変わらない。そして失敗すれば、マキアヴェッリが普通の人間にも実現できると信じた唯一の前提条件も不可能になってしまう。聖者はこうした資質を必要としないであろうし、隠者は恐らく砂漠の中でもその徳を実践することができるであろうし、殉教者はその報賞を死後に獲得できるであろう。しかしマキアヴェッリはこの種の生き方には全く関心を示さず、それについて論ずることはなかった。彼は統治について論ずる人間であり、公的領域に、天上ではなく地上の安全と独立、成功、名誉、強さ、勢い、幸福に関心を注いだ。こうした観点から、過去と同様現在と未来に、空想の世界にではなく現実の世界に目を向けた。人間の持つ限界が変わらない限り、キリスト教会の教える掟は、それが真剣に受け取られるならば、このような彼の関心にとって何ら寄与するところがないであろう。

われわれが再三述べて来たように、マキアヴェッリは道徳を問題にしたのではない。現在最も有力な解釈――それはクローチェの解釈であり、ある程度シャボー、ルッソ等によって受け容れられている――によれば、マキアヴェッリは、コックレンの言葉(91)を借りれば「キリスト教道徳の妥当性を否定せず、政治的必要に発した犯罪は犯罪ではないなどと言い立てはしなかった。むしろ彼が発見したのは、[……]この道徳は政治の世界に単純に適用することはできず、それに発する仮定を根拠とするいかなる政策も必ずや不幸に終るだろうという点であった。したがって彼が当時の政治の実態について事実に忠実な、客観的叙述をしたのは、冷笑や超然的態度の現われではなく、苦悶の現われであった。」

私の目には、この解釈には二つの根本的な誤解が潜んでいるように思われる。第一は、「この〔キリスト教〕道徳」と「政治的必要」との間の衝突である。ここで含意されているのは、道徳と政治とは両立不可能であるという認識である。ここで道徳とはそれ自身のために求められるべき究極的理想の世界、われわれが「犯罪」について語ったり、何かを道徳的に正当なものとしたり、非難したりする場合に、どうしても知らないでは済ますことのできない価値である。これに対して政治とは目的に手段を適合させる技術として、技術的卓越性、カントの言う「仮言的命法」の世界であり、それは「もしXを達成しようと欲するならばYをなせ」（例えば、友人を裏切れ、無実の者を殺せ）という形をとる。その場合、X自身が本当に望ましいか否かは必ずしも問われることがない。これがクローチェその他がマキアヴェッリに帰している、倫理からの政治の分離というテーゼの核心である。しかしこれはある誤りに基づいているように思われる。

この説が維持できるのは、倫理を例えば、ストア派、キリスト教、カントの倫理、それにある種のタイプの功利主義的倫理に限定する場合である。つまりそこでは価値の源泉や基準は神の言葉、永遠の理性、あるいは善悪や正邪についてのある内面的感覚や知識、個人の良心に絶対的権威をもって直接語りかける声である。しかしこれと同じように長い歴史を持つもう一つの倫理、ポリスの倫理があり、アリストテレスはそれを明快な形で描き出した。それによれば人間は生来社会の中で生活すべき存在であり、したがって共同体の目的が最高の価値であって他の価値はそれから派生し、あるいは個々人の目的はそれと同一視される。ポリスの中での生活の技術としての政治は私的生活の方を好む人々によって処理されうる活動ではない。それは航海や彫刻のように、したくない人間はする必要のない活動ではない。政治活動は文明のある段階に生きる人間にとって本質的な意味を持つ活動であり、その要求は人間らしい生活を送る上で本質的なものであった。

そのようなものとしての倫理——行動の掟や個人の追求すべき理想——は、そのポリスの目的や性格を理解することなしには認識不可能である。いわんや、頭の中においてであれ、一方を他方から切り離すことはできない。これこそマキアヴェッリが当然のものと考えたキリスト教以前の道徳の本質である。ベネデット・クローチェ(92)は、「よく知られているように、政治の必然性と自立性、道徳的善悪の彼方にある政治、抗うのが無益な、それ自身の法則を持った政治、聖水をもってこの世から追い払うことも追放することもできない政治、を発見したのはマキアヴェッリである」と述べているが、しかし善悪を超えているのは、アリストテレス的意味においてではなく、宗教的ないしカント的意味においてである。したがってこれら古今の共同体の善悪を超えるものではなく、この共同体の神聖な価値は徹頭徹尾社会的性格を持つ。（例えば）植民や大量虐殺の技術もまた、それを巧みに実行しようと望む者にとっては、「抗っても無駄なそれ自身の法則」を持っているかもしれない。しかしこれらの法則なるものが道徳の法と矛盾するならば、あるいは矛盾する時、そうした行為を止めるのは可能であるし、道徳的命令でもある。

しかしもしアリストテレスやマキアヴェッリが人間はどうあるか（そしてどうあるべきか――この点でのマキアヴェッリの理想は特に『論考』に生き生きと描かれている）という点について正しいのであれば、政治活動は人間の自然にとって本質的なものとなり、若干の個人には選択の余地はあるとしても人類の多くはそういうわけにはいかなくなる。共同生活はその構成員の道徳的義務を規定することになる。したがって「政治の法則」を「善や悪」に対置すると言っても、マキアヴェッリは「政治」と「道徳」という行為の「自立的な」領域を対置させているのではない。彼は彼自身の「政治」倫理を他のそれについての考え——それは彼には全く関心のない人々の生活を支配している——と対照させた。実際彼は一つの道徳——キリスト教的道徳——を拒絶したが、それはおよそ道徳とは言えない、単なる技術のゲーム、人間の最終目的にかかわらず、したがって倫理的でない政治的と呼ばれる活動を支持したがためではなかった。

彼は現実にキリスト教倫理を拒否したが、それは他の体系のため、他の道徳的世界のためであった。その世界はペリクレス、スキピオの世界、そしてヴァレンティーノ公の世界でもあった。そこでは人々は闘い、自己目的として追求する(公的)目的のために死ぬ覚悟を固めている。彼らは(道徳と呼ばれる)目的の国に、(政治と呼ばれる)手段の国を対置させて後者を選んだのではない。それはキリスト教に敵対する(ローマ的、古典古代的)道徳を選んだことであって、違った目的の国の選択を意味した。換言すれば対立し合っているのは二つの道徳、キリスト教的世界と異教的世界(あるいはある人々はそれを審美的世界と好んで呼んでいる)であって、道徳と政治という二つの自立的な領域ではない。

もし政治が(通常そうであるように)手段、技術、方法、テクニック、「ノウ・ハウ」、クローチェの言う実践(それがそれ自らの不滅の法則によって支配されているか否かにかかわらず)に関わるのでなく、自己目的として追求されるそれ自身独立の王国、倫理に取って代わるものに関係すると見られるならば、これは単なる言葉の問題である。[93] マキアヴェッリが(フランチェスコ・ヴェットーリ宛書簡の中で)、自分は魂よりも祖国を愛すると述べた時、彼は自らの道徳的信念の基礎を明らかにしている。しかしこれはクローチェからすれば到底彼に帰することのできない立場である。[94]

これとの関連で誤っていると思われる第二のテーゼがある。すなわち、マキアヴェッリは彼の社会の罪を苦悶のうちにながめていたというテーゼである(シャボーはその秀れた研究の中で、クローチェや他の弟子たちと異なり、この主張はしていない。)その意味するところは、彼は他に選択肢がなかったため、いやいやながら国家理性の恐ろしい必要性を認めたという点にある。しかしこうした証拠はどこにもない。実際彼の政治関係の作品のみならず演劇や手紙にも苦悩の跡は見られない。

マキアヴェッリの推奨する異教的世界は、支配者が体系的に狡智と力とを使用する必要を認めるという前提の上に樹立されている。そして支配者が必要な場合にこうした手段に訴えるべきであるということは、マキアヴェッリの目には当然であり、例外的とか道徳的に苦痛であるとかということは全くなかった。彼は支配者と被支配者との間に区別を設けることをしない。臣民や公民もまたローマ人でなければならない。彼らは支配者の持つ有能さは必要としない。もし彼らも欺くならば、マキアヴェッリの格率は妥当しないことになるであろう。彼らは貧しく、軍事訓練を受け、誠実で従順でなければならない。もし彼らがキリスト教的生活を送るならば、あまりに唯々諾々と単なる悪漢ややくざ者の支配に服することになろう。そうした人々から共和国を作り上げることはできない。テセウス、ロムルス、モーゼ、キュロスは謙譲の徳を説くことはなかったし、この世が臣民たちにとってかりの住居であるにすぎないといった見解を説くことはなかった。

しかし最も深刻なのは第一の誤解であり、マキアヴェッリを道徳問題にほとんど、あるいは全く無関心な人間と見る見解である。彼自身の言葉がこうした見解を支持していないのは確かである。善や悪、腐敗や純粋といった中心概念をめぐって思想を展開させる人間は誰でも、道徳的称讃や批判するための倫理的尺度を心に有している。マキアヴェッリの価値はキリスト教的ではなかったが、それもやはり道徳的価値であった。

この肝要な点についてのハンス・バロンのクローチェ‐ルッソ的テーゼへの批判(95)は、私には正しいように思われる。マキアヴェッリにとって政治は道徳的批判の彼方にあるという主張に対して、バロンは『論考』の中の極めて愛国的、共和主義的、自由を愛する部分を引用しているが、それによれば共和国の公民の(道徳的)資質は専制君主の治下の臣民のそれと比較して好ましい評価を与えられている。『君主論』の最後の章は超然とした、道徳的に中立的な観察の手になるものではなく、また公的生活を道徳的原理の墓場と考えて「苦悩の色を見せて」ながめ、自己一身に関心を向け、ひたすらその内面的、個人的問題に関心を向けている人間の手になるものではない。アリストテレスやキケロの如く、マキアヴェッリの道徳は社会的であって個人的ではない。しかしそれは彼らの道徳と同様道徳であることに変わりがなく、決して善悪の彼岸の、非道徳的領域に属するものではない。

このことはもちろん、彼がそうした政治生活の技術によってしばしば魅了されたことを論理的に否定するものではない。陰謀を企てる者とその敵対者に対して平等になされる助言、オリヴェロット、スフォルツァ、バリオーニのとった方策についての専門家的評価などは、人文主義者に特有の好奇心、応用政治学の追究、自己目的化した知識――そこにどのような意味が込められているにせよ――による魅了の産物である。しかし道徳的理想、共和政ローマの公民の理想は決して遠い過去のものではない。政治的技能は手段としてのみ、つまり病人の健康を回復し、繁栄を実現できるように事態を改造するに際してそれが有効か否かによってのみ評価される。これはアリストテレスが人間に特有な道徳的目的と呼んだものと正に同じと思われる。

依然残されているのが、『君主論』と『論考』との関係という難問である。しかし両者の違いがいかなるものであれ、両者を貫流する傾向は同一である。そこで常に中心を占めているのは強力で、団結した、活動的で、道徳的に再生した、輝やかしく勝利に飾られた祖国というヴィジョン——冷徹な心を持つ現実主義者と自らを考える著述家に典型的な夢——であって、この祖国が一人の人間の有能さによって支えられているか、多数のそれによって支えられているかは問うところではない。政治的判断、個人や国家、運命や必要に対する態度、方法の評価、楽観主義の程度、基底にある雰囲気などは、この二つの作品で違っており、同じことの説明でも違っている。しかし基本的価値、究極目的——マキアヴェッリの幸福に満ちたヴィジョン——は同じである。

彼のヴィジョンは政治的、社会的性格を持っている。したがって単純に他人に勝つ方法についての専門家であると彼を考えたり、日曜学校で教えることは大変結構であるが、悪人に満ちた世界で何事かを為そうとするならば嘘をついたり殺したりしなければと説く通俗的冷笑家と彼を見る、いわゆる伝統的見方は正しくない。「食うか食われるか」[96]「打つか打たれるか」といった言葉に要約される哲学は、マッツェイやジョヴァンニ・モレッリ[97]に見られる世間知の類であり、マキアヴェッリはこれまで彼らと比較されて来たが、しかしこうした側面は彼の思想の核心ではない。マキアヴェッリは野心的な個人の機会主義に格別関心を向けていない。彼の眼前にある理想はフィレンツェやイタリアについての輝やかしいヴィジョンである。この点で彼はルネサンスの熱狂的人文主義者の典型であった。特異性があるとすれば、国家——または再生したイタリア——がブルクハルト的意味での芸術的目的と考えられておらず、したがってその理想が芸術的ないし文化的でなく政治的性格を持っている点にある。こうした彼の立場は単なる非情な心性の擁護や、目的に無関係な現実主義の擁護とは全く異なっている。

繰り返していえば、マキアヴェッリの価値は手段的なものでなく道徳的で、究極的性格を持ち、その名の下に非常な犠牲を払うことを要求した。そのために彼はそれに敵対する基準——キリスト教的な閑暇と柔和という原理——を拒絶したが、それはこれらが実際にそれ自身欠陥があるからではなく、真の生活の条件には適用できなかったからである。彼にとって真の生活とは(時々主張されるように)彼の周囲に見られるイタリアの生活——フィレンツェ、ローマ、ヴェネツィア、ミラノの犯罪、偽善、野蛮行為、愚行——だけを意味するものではなかった。それは真の現実の試金石ではない。彼の目的はこの種の生活を変わらないままで放置したり繰り返すことにあったのでなく、それを新しい次元にまで高め、イタリアを卑劣で従属的な状態から解放し、その健康と健全な状態とを回復することにあった。

そのためにはいかなる犠牲も大き過ぎることはないと彼が考える道徳的理想——祖国

の幸福——は、彼にとっては人間によって到達可能な最高の社会生活の形態である。それは到達可能であって不可能ではない。それはわれわれの知っている人間の能力の限界の彼方にある世界ではない。それは歴史や観察の実例が示してくれる感情的、知的、肉体的資質からなる生物としての人間の能力の範囲内にある。マキアヴェッリは人間の神聖化、超人間化を求めたのでなく改善を求めた。創造されえたものであったとしても人間的とは呼びえないような、地上で知られていない理想の存在から成る世界を求めていたのではない。

彼の推奨する政治的手段が道徳的に嫌悪すべきものであるとの理由からあなたがそれに反対し、そしてリッターの言葉を用いればそれが「恐ろしい(98)」との理由からそれに関係するのを拒否するならば、マキアヴェッリはそれに答える術も、論じ立てる術もなかったであろう。その場合、あなたは道徳的に善き生活を送り、私人(あるいは修道僧)に止まり、隠れ家を探し求める権利を持っている。しかしその場合にはあなたは他人の生活に責任を負うこともなければ、幸運を期待することもないに違いない。あなたは実質上他の人々によって無視され、破壊されるのを予期しなければならない。

いいかえればあなたは公的生活から退くという選択をすることができるが、その場合マキアヴェッリはあなたに対して何も語るべきことはない。彼が語りかけるのは公的世界とその中にある人間に対してであるからである。このことを極めて明瞭に示しているのが、征服地を押えつけるために勝利者のとるべき方策についての悪名高い助言である。マキアヴェッリは全てを一掃すべきことを説く。支配者、称号、権力、人間を全く新しくし、「富む者を貧しくし、貧しい者を富まし、ダヴィデが王になった時にしたように「貧しい者は財貨で満たし、富む者はそれを奪って無一物にする」という政策をとるべきである。「更に新しい都市を建設してそれまでの都市を破壊し、住民を一方から他方へと移し変え、要するにその地方のあらゆるものが旧来のままでないように手を加えるべきである。そしていかなる身分にしろ、地位、官職にしろ、汝が認めることによって初めてある人間のものになることを明らかにすべきである。」(99) こうした勝利者はマケドニアのフィリッポス――「こうした形でついにギリシャの支配者となった」――を自らのモデルとすべきである。

歴史家の伝えるところによれば――とマキアヴェッリは続ける――フィリッポスは住民を一つの地方から他の地方へ、「あたかも羊飼いが羊の群れを移動させるように」移動させた。マキアヴェッリは続けて次のように言う。疑いもなく、

こうした手段は残酷であり、キリスト教的統治のみならず人間らしい統治に敵対

するものである。誰でもこうした手段を避け、人々に破滅をもたらす王たるよりは私人としての生活を好むのが当然である。それにもかかわらず、正しい統治という第一の善き道を歩みたいと思わない支配者は、もし自己の地位を維持したいと思うならば、こうした邪悪な道を歩まなければならない。そして人々は何か中間的な道をとるが、それは極めて有害である。実際人間というものは完全に善い存在にも完全に悪い存在にもなることができない(100)。

その言わんとするところは極めて明瞭である。個人的道徳の世界と公的組織という二つの世界がある。つまり、二つの究極的な倫理的な掟があり、そこにあるのは「倫理」と「政治」という二つの「自立的」領域の間の選択ではなく、二つの相対立する価値体系の間の、二つの(彼にとっては)妥協を許さぬ選択肢である。もし人間が「第一の善き道」を選べば、彼は恐らくアテナイとローマのような国家を希望することも、人間が栄え、強く、誇り高く、賢明で、生産的になる高貴で栄光に満ちた社会を希望することも全て断念しなければならない。実際のところ地上における我慢できる程度の生活を希望することも断念しなければならない。人間は社会の外で生活することはできず、第一の「私的」道徳の影響下にある人間(ソデリーニのような)によって支配される限り、集団生活を全うすることはできない。彼らは人間として最小限の目的さえも実現できず、結局のところ政治的のみならず道徳的にも転落してしまうであろう。しかしもしマキアヴェッリ自身がなしたように第二の道を選ぶならば、彼は私的良心の呵責があったとしてもそれを抑えつけねばならない。それというのも社会の再建過程においてであれ、その権力と栄光とを追求したり維持したりする場合においてさえも、あまりに気むずかしい人間は確実に失敗することになるからである。オムレツを作る決心をした人は誰でも卵を割らなくてはその目的を達成することはできない。

マキアヴェッリは卵を割ることになるのにあまりにも喜びを示し、ほとんど卵を割るのを自己目的化したとしてしばしば批判されている。しかしこうした批判は正当ではない。彼はこのような冷酷な手段が、ある善き結果を作り出すために必要であると考えた。ここで言う善とはキリスト教的なそれではなく、世俗的で人間臭い、自然主義的道徳に言うそれである。彼の述べる極めて衝撃的な諸実例はこのことを示している。その中で恐らく最も有名なのがジョヴァンパオロ・バリオーニの例であって、彼は遠征中のユリウス二世を捕えたが、逃れるに任せた。マキアヴェッリはこの件に関して、バリオーニはユリウス二世と枢機卿たちを殺すことによって、したがって犯罪行為を行なうことによって、「そこから生ずるいかなる危険や不名誉も吹き飛ばすほど大きなこと」(101)をやってのけることができたものを、と述べている。

フリードリヒ大王（彼はマキアヴェッリを「人類の敵」と呼ぶ一方、彼の助言に従った）[102]と同じように、マキアヴェッリは要するに「ぶどう酒の栓は抜かれている。それを飲まねばならない」と言っている。あなたがいったん社会を変革する計画に乗り出すならば、その犠牲がいかに大きくても最後までやり遂げねばならない。下手にいじくり回したり、退却したり、良心のとがめに負けたりするのは、いったん選びとった道を裏切る行為である。医者であることは専門家としての覚悟を持ち、焼き、焼灼し、切断する心構えを持っていることであって、病気がそうした処置を必要とする場合、個人的な良心の呵責やあなたの技術、技能に無関係な規則のゆえに中途半端な処置に止まるならば、それは当惑と優柔不断の証であって、あなたは常に二つの世界の前に敗れ去ることになろう。少なくとも二つの世界が存在し、各々はそれぞれ自らのために多くのこと、実際には全てのものを持ち出して弁護することができる。しかしこれらの世界は二つであって一つではない。人はこの両者の間で選び、いったん選んだならば尻込みしないことを心得なければならない。

この世には一つ以上の世界、一つ以上の徳のグループが存在し、その間の混同は破滅をもたらす。このことを無視した結果生じた幻想の代表的例が、有徳な支配者は有徳な人間を作り出すというプラトン的－ヘブライ的－キリスト教的見解であった。マキアヴェッリによればこれは真理ではない。気前良さは徳ではあるが、君主の場合はそうではない。それというのも気前の良い君主は市民たちに重税を課して彼らを破滅させ、ケチな君主（そしてマキアヴェッリはケチを私人に関して善き資質であるとは述べていない）は市民の財布を大切にし、公共の利益に資するからである。また温和な支配者――そして温和であることは徳である――は陰謀家や強い性格の持主によって左右され、混乱と転落とをもたらすことになる。

「君主鑑」を執筆した他の人々も多くのこうした格率を述べているが、そこに含まれる意味を白日の下に引き出すことはなかった。マキアヴェッリの用いたような一般化を彼らは用いていない。マキアヴェッリは一般に道徳化でなく、特定のテーゼの解明に心を向けている。すなわち、人間の本性は公的な道徳を要請すること、この公的な道徳はキリスト教の教えを信ずると告白しそれに従って生きようとする人間の徳とは違い、それとは衝突すると考えること、がそれである。キリスト教の教えは静穏な時代、私的生活の範囲で全く実現できないわけではない。しかしその範囲外では破滅をもたらす。国家や人民と個人とのアナロジーは誤りである。「国家と人民は個人とは違う形で支配されている。[103]」「都市国家を偉大ならしめるのは個人の善ではなく共通の善である。[104]」

これに同意しない人がいるかもしれない。またもし市民が抑圧され、全体の偉大さのための単なる手段として扱われるならば、国家の偉大さや繁栄、富といったものは空虚な、嫌悪すべき理想である、と論ずる人がいるかもしれない。キリスト教思想家、コンスタンや自由主義者、あるいはシスモンディや福祉国家の理論家たちのように、国庫は乏しくても市民たちが豊かな国家、政府が中央集権化せずまたは全能でなく、恐らく全く主権的でなく、市民たちが広汎な個人的自由を享受している国家を好ましいとする人々がいるかもしれない。そしてこうした国家を好ましいものとして、アレクサンドロスやフリードリヒ大王、ナポレオン、あるいは二〇世紀の大独裁者の作り出した権力の権威主義的集中と対比させるかもしれない。

もしそうであれば、その人は単純にマキアヴェッリのテーゼを否定している。これに対してマキアヴェッリはかかるバラバラの政治組織の中に何らのメリットを見出さなかった。こうした政治組織は長続きできず、人間はこうした状況の中で長く生き延びることはできない。彼の確信するところによれば、権力欲を失った国家は没落する運命にあり、より強力で秀れた武力を持つ隣国によって恐らく破壊されるべきものであった。ヴィーコや現代の「現実主義」思想家はこうした見解を繰り返している。

マキアヴェッリは一つの明快な、どぎつい、偏狭な社会観に捉えられていた。その社会では人間の才能は全体の権力と栄光とに寄与することができると考えられていた。彼は支配者の利益が被支配者の利益と矛盾しない、共和政的統治に好意を示した。しかし(マコーレーが見抜いたように)彼は頽廃した共和国よりは良く統治される君主国の方を好ましいと考えた。彼の称讃する資質と永続的な社会に接合可能な――実際不可欠な――諸々の資質とは『君主論』と『論考』とで異なるところがない。精力、大胆さ、実際上の技巧、想像力、活力、自己訓練、抜目なさ、公共精神、幸運、古人の徳、有能さ、逆境における堅忍不抜、クセノポンやリヴィウスの称讃する性格の強さなどがそれである。彼のもっと衝撃的な諸格率――これらはエリザベス朝下の「殺人鬼マキアヴェッリ」というイメージの原因となった――もこの唯一つの目的、すなわち彼を支配する古典的、人文主義的、愛国的ヴィジョンを実現する手段を述べたものであった。

彼の君主に対する悪しき助言の中で、極めて悪名高いものを一ダースほど引用してみよう。あなたは状況の命ずるに応じて、恐怖政治または優しい態度をとらなければならない。苛酷であるのは通常より有効であるが、しかしある状況の下では人間味のある方がより好ましい結果をもたらす。恐怖の念はまき起しても憎悪の念はまき起さないように。何故ならば憎悪は結局のところあなたの破滅を招くからである。人々を貧しいままに、不断に戦時体制のままにしておくのが最上であり、これによって積極的服従の二つの大敵――野心と退屈――に対処し、そして被治者は自らを指導する偉大な人物の必要をいつも感じていることになるであろう(二〇世紀はこの鋭い洞察に対するうってつけの極めて多くの例証を提供している)。社会内部での競争――階級間の分裂――は、それがエネルギーを生み、正しい限度を伴った野心を生み出すがゆえに望ましいものである。

宗教は、それがキリスト教が実現するのに失敗した社会的連帯性を保持し、男らしい徳を促進する類のものであれば、かりに偽りに満ちていても奨励されるべきである。もし恩恵を施す場合があれば、自ら為せ(この点で彼はアリストテレスに従っている)。しかしもし手の汚れる仕事をしなければならない場合には他人にやらせよ。そうすれば君主ではなくこれを行なった人間が非難され、君主は適宜その首を切って人々の歓心をかうことができる。これによって自由よりも復讐や安全を好む人々の性向が満足させられる。いかなる場合でも為すべきことをするとして、それを人々に対する格別の好意として示すように試みるべきである。犯罪行為を行なわなければならない場合にはそれを予め公言してはならない。さもなくばあなたの敵はあなたが彼らを打ち滅すよりも前にあなたを打ち滅すであろうから。もし荒療治をしなければならないならば、人々をもがき苦しめるようなやり方ではなく一挙に事を成就するようにせよ。あまりに強力な臣下に取り囲まれることがないようにせよ。武勲かくかくたる将軍は除くのがよい、さもなければあなたの方が彼らによって除かれるであろう。

あなたは荒々しく、力によって人々を恐れさせるかもしれないが、自ら作った法を破ってはならない。何故ならばそうした行為は人々のあなたに対する信頼を破壊し、社会秩序を解体することになるからである。人間は愛しむか絶滅すべきであって、宥和政策と中立主義は常に致命的結果をもたらす。卓越した計画も武器なしには十分でない。さもなければ依然フィレンツェは共和国であり続けたであろう。支配者は常に戦争を予期した生活を送らなければならない。愛すべき性格よりも成功の方が多くの帰依を喚起することは、ペルティナックス、サヴォナローラ、ソデリーニの運命を想起すればよくわかる。セウェルスは破廉恥で残酷であり、スペインのフェルディナンドは人を欺くのが得意で悪賢かったが、獅子と狐双方の技術を駆使することによってわなと狼とを免れることができた。虚偽が何ら成果をもたらさないような状況を作り出し、人々があなたに真実を言うように強制しないならば、人々はあなたにうそを言うであろう、等々。

こうした実例は「悪魔の協力者」にふさわしいものである。時々懐疑の念がマキアヴェッリを襲ってくる。ローマ的基準で称讃に値する国家を建設する労をいとわない高潔な人間が、彼の指示するような暴力的で、邪悪な手段をとるほどしたたかであろうか、という疑問がそれである。そして逆に、それをするのに十分なほど残忍で野蛮な人間は、こうした悪しき手段を唯一正当化する根拠である公共の利益を理解できるほど私心なき存在であろうか、ということも疑問になる。しかしモーゼ、テセウス、ロムルス、キュロスはこれら二つの資質を兼備していた(105)。かつて行なわれたことは再度可能である。その意味で楽観主義が示唆されている。

これら全ての格率には一つの共通項がある。それはこれらが著者の言う人間の最も永続的関心を満足させる秩序を建設し、回復し、維持するために設定されたという点である。彼の唱える価値は誤っているかもしれないし、危険で嫌悪感を与えるものであるかも知れないが、しかし彼は極めて真剣である。彼は冷笑家ではない。その目的は常に同一であって、ペリクレスのアテナイ、スパルタ、そしてなかんずく共和政ローマをモデルとして構想された国家がそれである。人間は生来この目標を切望しており(彼の考えでは、この点については歴史や観察が十分な証拠を与えてくれている)、いかなる手段も「弁明され」、手段を判断するに際しては目的のみを注視する。もし国家が没落すれば、全ては失われる。したがって『論考』第三巻第四一章の有名な一節によれば、「一国の安全が絶対的に問題になっている場合、正か邪か、慈悲深いか残酷か、称讃に値するか不名誉か、といった考慮は一切問題とすべきでない。むしろあらゆる疑念を放棄して、祖国の命を救い、その自由を維持する方策であればそれがいかなるものであっても徹底的に実行すべきである。」フランス人はこのように推論し、「フランス王の権力とその王国の権力」はそこから発している。ロムルスはレムスを殺すことなくしてローマを建設することができなかったであろうし、ブルートゥスは自らの息子を殺すことなしに共和国を維持できなかったであろう。モーゼ、テセウス、ロムルス、キュロス、アテナイの解放者たちは建設するために破壊した。こうした行為は非難されるどころか、古代の史家や聖書の称讃を浴びている。マキアヴェッリは彼らのファンであり、スポークスマンである。

それでは彼の言葉や調子には、読者を震撼させるような何かがあったのであろうか。実際こうしたことは彼の生前には起らなかった。こうした反応が生じたのは約四半世紀遅れてであり、その後マキアヴェッリに対する恐怖の念が絶えることなく、積み重ねられてきた。フィヒテ、ヘーゲル、トライチュケは彼の教説を「再解釈し」、彼ら自身の見解にそれを合うようにした。しかしそれによってこの恐怖の念が著しく緩和されることはなかった。彼の与えた衝撃の効果は明らかに一時的なものではなく、われわれの時代にまでもなお続いている。

その公刊直後に批判がなかったのは何故かという歴史的問題はともかくとして、『君主論』が禁書目録に加えられて以来四世紀にわたって読者の間に、連綿として生み出した不快の念について考えてみよう。マキアヴェッリのテーゼの独創性と悲劇的運命は、そのキリスト教文明との関連にあるように私には思われる。異教の時代には異教の理想の光に従って生きることは非常に望ましいことであった。しかしキリスト教が勝利してから千年以上後に、異教主義を説くのは、天真爛漫さが失われた状態でそれをすることであり、人間に意識的な選択を強制することに他ならなかった。この選択は、それがまとまった二つの世界の間での選択であるため、苦悩に満ちたものになる。人間はそれまでこの双方の中で生活し、一方に対して他方を維持するために戦い、死んできた。マキアヴェッリはこの中の一つを選び、そのためには犯罪行為を犯す心構えでいる。

人を殺し、欺き、裏切るという形で、マキアヴェッリの君主や共和国は通常の道徳の立場からすれば容認できない悪行を働いている。マキアヴェッリの大きな取り柄はこのことを否定しなかった点にある。(106) マルシリオ、ホッブズ、スピノザ、ヘーゲル、マルクスはそれぞれの仕方でこの点を否定しようとした。この点では国家理性の擁護者も、帝国主義者も、カトリック、プロテスタントの民権擁護論者も同じであった。これらの思想家たちはある一つの道徳体系を弁じ立てたのであって、そうした悪しき行為を正当化し、実際要求する道徳は、それを絶対的に禁止する無教育な道徳から生ずる混乱した倫理的信念と連続性をもちつつ、それをより合理的にしたものであることを示そうとした。

こうした(一見したところ邪悪な)行為が偉大な社会的目的という観点からなされるべきものとなると、それらは(議論の赴くところ)もはや邪悪な行為でなく、合理的なもの――事物の自然や公共の利益、人間の真の目的、歴史の弁証法によって要求される――と考えられるようになる。そしてそれを論難するのは、論理的、神学的、形而上学的、歴史的パターンの大きな区分を見てとることができないか、見てとろうとしない人間だけであるとされる。精神的に物が見えないか近視眼的人間だけが誤った判断をし、批判するというわけである。いくら悪くてもこうした「犯罪行為」はより大きな調和のために必要な不協和音であり、したがってこの調和を聞きとる人間にとってはもはや不協和音は存在しない。

マキアヴェッリはそうした抽象理論の擁護者ではない。そうした決疑論《カズイストリィ》を用いることは彼には思いも浮かばない。彼は徹底して誠実で、明快である。政治家の生活を選んだり、国家が可能な限り成功と栄光とを実現するのを望む公民としての感覚を持って公民としての生活を選びとることは、彼によればキリスト教の勧める行動を拒否することに同意することを意味する。(107)社会的、政治的脈絡を抜きにして魂の幸福について語る限りにおいてキリスト教は正しいかもしれない。しかし国家の幸福と個人のそれとは別物であり、それらは「違った仕方で統治される。」あなたはその選択をなすであろうが、そこでの唯一の犯罪は優柔不断、臆病、愚かさなどあなたを再度川のまん中に引き戻し、失敗に終らせる資質である。

通俗的道徳との妥協は失敗を生むが、これは常に見下げ果てたものであって、政治家がこれを犯すと人々を破滅に陥れる。手段が異教の倫理からしてもいかに恐るべきものであるとしても、その目的が(トゥーキュディデース、ポリュビオス、キケロ、リヴィウスの観点からして)十分高尚であるならば、目的は手段を「弁明する。」ブルートゥスが自分の子供たちを殺したのは正しかった。彼はそれによってローマを救ったからである。ソデリーニはそうした行為に及ぶような気質の持主でなく、フィレンツェは滅んだ。サヴォナローラは禁欲や道徳的力や腐敗について健全な考えを持っていたが、武器なき預言者は常に絞首台に歩を進めるということを知らなかったために身を滅した。

もし人々の献身と好意とを用いて望ましい結果を得ることができるものならば、必ずそうするようにせよ。その場合人間を苦しめることは何ら価値はない。しかしそれができないのならば、モーゼ、ロムルス、テセウス、キュロスが範たるべきであって、恐怖に訴えざるを得ない。マキアヴェッリには、ドストエフスキーの徹底的に邪悪な人間にみられるような、悪のために悪を追求するといった悪意ある悪魔主義は見られない。

「全てが許されるか」というドストエフスキーの問い[108]に対してマキアヴェッリ（彼はドストエフスキーにとって一人の無神論者であったことは確かであろう）は「もし目的――すなわち、特殊な状況の中で社会の基本的利益を追求すること――が他の仕方で実現できないならば、全てが許される」と答える。

この点はマキアヴェッリに対して自ら好意的であると称する人々も正しく理解していない。例えばフィギスによれば[109]、マキアヴェッリは「全人類の人身保護律」を恒常的に停止した。つまり状況が常に危機的で絶望的であったためマキアヴェッリは恐怖政治という方法を擁護し、その結果通常の事態の中で用いられる政治原理と、あるとしても極限的な場合にのみ要求されるルールとを混同したと考えられたのである。

他の人々、恐らく多くのマキアヴェッリ解釈家にとって彼は、後年「国家理性（*raison d'état, Staatsräson, ragion di stato*）」論と呼ばれることになる議論――例外状態において国家の利益のために不道徳な行為を行なうことを正当化する議論――の発案者、少なくともその擁護者である。しかし複数の研究者が十分説得的に指摘したように、絶望的状況は絶望的な方策を必要とする――「必要の前には法は無力である」――という考えは古代に見られるのみならず、アクィナス、ダンテその他中世の著作家など、ベラルミーノやマキアヴェッリよりも遥か以前の人々にも同じように見られるのである。

こうした対比はマキアヴェッリの見解についての根強い、特徴的な誤解に基づいているように思われる。マキアヴェッリの見解を次のように解するのは誤りである。すなわち、通常の事態の下では普通に通用している道徳――キリスト教的、ないし半キリスト教的倫理規定――が支配すべきであるが、いったん尋常ならざる事態が生じた場合、これらの規定がその機能を果たすための唯一の条件である全社会秩序が危くなる場合、こうした緊急の場合には通常邪悪であるとか禁止するのが当然であるとか見なされている行為が正当なものとされる、と。

こうした見解をとっているのは、なかんずく全ての道徳の究極的根拠はある種の制度の実在にあるという考えに立つ人々である。例えば、ローマン・カトリック教徒は教会と教皇との存在をキリスト教にとって不可欠のものと考え、また民族主義者は民族の政治権力の中にその精神生活の唯一の源泉を見出している。これらの人々はこの制度の破壊によって他の全ての価値の実現を支える不可欠の基盤が致命的な打撃を受けるとの観点から、厳しい危機の局面において国家や教会、民族の文化を守るために必要な極端な、「恐るべき」措置をとることは正当であると主張している。こうした教義に基づいて、カトリック教徒と新教徒、保守主義者と共産主義者は共に、普通の人間をぞっとさせるような極端な方策を擁護して来た。

しかしこれはマキアヴェッリの立場ではない。国家理性論の擁護者によれば、こうした方策が正当化される唯一の根拠はそれが例外的であるという点にある。つまり、こうした嫌悪すべき方策は、正にその必要をなくする目的を持った制度を維持するために必要であり、そうした処置が正当化されるのは唯一つ、今後それを必要とするような状況に終止符がそれによって打たれるという点にあった。しかしマキアヴェッリにとって、こうした方策自身はある意味で全くノーマルなものであった。それらが極度の必要に応じて求められるのは疑問の余地がないが、政治生活にはこうした多くの必要を、さまざまな程度の「極端な」必要を生み出す傾向が潜んでいる。したがって自らの政策から論理的に導き出される帰結を避けたバリオーニは、明らかに統治には不適格な人間であった。

国家理性という概念には、道徳的に善良で敏感な人間を苦悶させる諸価値の対立が含まれている。しかしマキアヴェッリにはこうした対立はない。公的生活はそれ自身の道徳を持ち、キリスト教の原理(または他の絶対的な人格的価値)はそれにとって不必要な障害になりがちである。公的生活はそれ自身の基準を持ち、永続的テロルを要求しはしないが、しかし政治社会の目的を促進する必要がある場合、力を行使するのを容認し、少なくとも許容する。

マキアヴェッリは、「暴力の効率」を一貫して高めることを信じていた、というシェルドン・ウォーリンの主張[110]は私には正当であるように思われる。つまり、彼や彼の言及する古代の思想家たちが称讃する徳が保護され、繁栄できるように事態を保っていくためには、その背後で常に一貫して力を留保しておく必要がある、と考えていたのであった。そうした力やその可能性が正しく用いられる社会に生れ育った人間は、かつてのギリシャ人やローマ人がその最盛期に送ったような幸福な生活を送るであろう。この生活を特徴づけるのは活力、才知、多様性、誇り、権力、成功であり(マキアヴェッリは技術や科学についてかつてほとんど言及することがなかった)、それはいかなる意味においてもキリスト教国家ではない。こうした中で生ずる道徳的対立に苦しめられるのは、どちらの道程をも放棄する心構えのない人間、すなわち、二つの非両立的な生活が実際には和解できると考えている人間だけである。

マキアヴェッリにとって世間一般に公認されている道徳はほとんど論ずるに値しなかった。それというのもそれは社会的実践に翻訳できないからである。「もし全ての人間が善良であれば[……]」という点について、彼は権力が不必要となるというまで人間を改良するのはまったく不可能であると確信していた。もし道徳が人間の行為に関わり、人間が生来社会的存在であるならば、キリスト教道徳は通常の社会的存在にとって導きの指針となることはできない。誰かがこの点を明言する任務を負っていたが、マキアヴェッリこそそれを果したのである。

人は選択しなければならず、一方を選びとることによって他方を断念しなければならない。この点が核心である。もしマキアヴェッリが正しいならば、もし道徳的に善良であり、通常のヨーロッパ的、特にキリスト教の倫理の判断に従って為すべき義務を果しながら、同時にスパルタやペリクレス期のアテナイ、共和政ローマ、更にはアントニウス帝下のローマさえも建設するのが原理的に(あるいは実際に――この両者の境界はあまり明瞭でない)不可能であるならば、そこから第一の重要な帰結が導き出される。すなわち、いかに生きるべきかという問いに対して正しい、客観的妥当性を持つ回答が原理的に発見できるという信念自体、原理的に正しくないのである。これは実際恐るべき命題である。以下その意味をしかるべき文脈の中で検討してみよう。

西欧政治思想にはその長い間にわたる支配の間ほとんど疑問視されることのなかった、一つの極めて根源的な仮定があった。それは、太陽や星の運動経路のみならず、全ての生物のそれぞれの行動を規定する、ある単一の原理があるという教説である。動物や全ての理性を持たない類の存在は本能的にそれに従い、より高次の存在はそれを意識化し、それを捨てて自らの滅びを招く自由を持っていた。この教説はさまざまな見解の形をとりながら、プラトン以来ヨーロッパ思想を支配して来た。その現われ方は多様であって、多くの比喩やアレゴリーがそれをめぐって生み出された。その中心に位置するのが非人格的自然や理性、宇宙の目的、万物と被造物にそれぞれ特定の機能——これらの機能は一つの調和を形づくる全体の中の要素であって、この脈絡においてのみ理解可能である——を付与する力を持った神聖な創造者といった観念である。

この教説は建築物からとられたイメージでもってしばしば表現されて来た。例えば大建築物においてその各部分は全体の構造に独自の形で適合している、と言われてきた。更には全てを包摂する有機的全体としての人間の身体のイメージで表現され、あるいは巨大な階層制——封建的秩序と自然の秩序という二つの並行的体系の頂点に最も現実的存在《エンス・レアリシムウム》としての神を置き、全ては神から下方へと発し、上方へと神の意志に従って神に至る——として社会生活を描く形で現われた。それは偉大なる存在の連鎖として、時間と空間、両者の含む万物を結びつける宇宙樹ユグドラシルというプラトン－キリスト教のアナロジーとしても現われている。それはまた音楽のアナロジーでも表現され、全体は個々の楽器ないしそのグループが無限に多様な多声的総譜の中でそれぞれの音を出すオーケストラにたとえられた。そして一七世紀以降、多音のイメージに代わって調和の比喩が登場すると、各楽器は特定の旋律を演奏するものとはもはや考えられず、それぞれのグループの演奏家には完全に捉えられない(彼らの出す音はそれを孤立させて取り出すならば耳ざわりであるか、不必要なものと思われたであろう)にもかかわらず、より高い観点から見てのみ把握可能な、全体的な形を形成するのに貢献するような音をつくり出すと考えられるようになった。

世界や人間社会が単一の理解可能な構造を持っているというこの考え方は、自然法についての多くのさまざまな見解——ピュタゴラス派の数学的調和、プラトンの形相の論理的階梯、アリストテレスの発生論的‐論理的パターン、ストア派やキリスト教会の神的ロゴスとその世俗化された派生物——の根底に潜んでいる。自然科学が進歩すると、この種のイメージや人間形態を用いた比喩はより経験主義的内容を持つ所説となっていった。(ヒュームやアダム・スミスに見られる)相対立する諸傾向の調整者としての自然の女神、(フランスの百科全書派の幾人かの著作にみられる)幸福への最善の道を教える女王としての自然、組織化された社会全体の具体的な風俗や習慣に体現されているものとしての自然、などがそれである。生物的、美的、心理的比喩は時代の支配的観念を反映している。

伝統的合理主義は、それが宗教的、美的、形而上学的、科学的、超越的、自然主義的形態をとるにしろ、西欧文明の特徴をなすものであったが、そのまさに核心を成すのがこの全てを統一する一元論的図式に他ならなかった。この岩の上に西欧人の信仰や生活は築き上げられていたが、マキアヴェッリは事実上これを打ち砕いたように思われる。いうまでもなくこれほど大きな転倒を唯一人の人間の行為に帰せしめることはできない。こうした転倒は安定した社会的、道徳的秩序の下では起り得なかったであろうし、彼以外に古代の懐疑論者、中世の唯名論者や世俗主義者、ルネサンスの人文主義者は疑いもなく、この伝統を破壊するダイナマイトをそれぞれに提供している。この論文が示そうとしているのは、決定的な起爆装置に点火したのがマキアヴェッリであったということである。

もし人生の目的が何であるかを問うことが真の問いであるならば、正しい回答を与えることができるはずである。行為に合理性があると主張することは、そのような問いに対する正しい、究極的な回答を見出すのが原則的に可能であることを主張することに他ならない。

以前にその解決が議論された場合、通常、完全な社会が、少なくともその概略において、想定できるものと仮定されていた。さもなければ、所与の制度を不完全なものとして批判するに際して、いかなる基準を用いることができるであろうか。それはこの世では実現できないであろう。人間はそれを建設するにはあまりにも無知で、意志が弱く、邪悪である。あるいは(『君主論』以後の世紀のある唯物論者たちによれば)欠けているのは技術的手段であり、黄金時代の実現を妨げる物質的障害を克服する方策は未だ発見されていないと論じられてきた。要するにわれわれ人間は技術的に、あるいは教育上、あるいは道徳的に十分進歩していないとされた。しかし人々はこうした考え方自身の中に何か矛盾があるとは言わなかった。

プラトンとストア派、ヘブライの預言者と中世キリスト教思想家、モア以来のユートピア論者は、人間に欠けているのは何であるかについて一つの見解を持っていた。そして彼らは、いわば現実と理想との乖離を測定できると主張した。しかしもしマキアヴェッリが正しいならば、この西欧思想の中心的潮流をなす伝統全体は誤りとなる。何故ならば彼の立場が正しいならば、少なくとも二つのグループの徳——キリスト教的、異教的と呼ぶことにする——があり、それらは実際においても原理上も両立できず、したがってそのような一つの完全な社会像を構成することさえできなくなるからである。

もし人間がキリスト教的謙譲を実行するならば、古代の文化や宗教の偉大な創始者の持っていた燃えるような野心に同時に身を委ねることはできない。もし彼らの視線が彼方の世界に集中しているならば——もし彼らの考えがそうした見地に対するリップ・サーヴィスに染まっているにすぎないとしても——、彼らは完全な都市国家を建設する試みに、自らの有する全てを投入するとは考えられないであろう。もし苦悩と犠牲と殉教が常に悪しき、免れることのできない宿命でなく、それ自身至高の価値をもつならば、大胆な人間や荒々しい人間、若者の獲得する、運命に対する栄光ある勝利などは獲得されることもなければ、獲得するに値するものと考えられもしないであろう。もし精神的目的のみが唯一追求に値するものであれば、自然と人生を支配する法則としての必然――その操作によって人間は技術、科学、社会生活の組織において前代未聞の事柄を成しとげるであろう――を研究することに一体どれだけの価値があるであろうか。

世俗的目的の追求を断念することは、社会秩序の解体と新たな野蛮状態へと道を開くであろう。しかしこれが事実であるとしても、それは生じうる最悪の事態であろうか。プラトンとアリストテレス、彼らとソフィスト、エピキュロス主義者や前四世紀以後の他のギリシャの学派との間にどれほどの相違があったにしろ、彼らとその弟子たちである近代ヨーロッパの合理主義者と経験主義者は、外見に欺かれない心をもって現実を研究するならば人間の追求すべき正しい目的――人間を自由で、幸福で、強力で理性的ならしめる――は明らかになる、とする点で意見が一致していた。

ある人々は全ての状況の中で、全ての人間に妥当する唯一つの目的があると考え、他の人々は異なった類の人間あるいは異なった歴史的状況では異なった目的があると考えた。客観主義者と普遍主義者は相対主義者、主観主義者と対立し、形而上学者は経験主義者と、有神論者は無神論者と対決した。このように道徳的問題については深刻な意見の対立があったが、しかしこれらの思想家たち、懐疑主義者さえもあえて唱えなかったのは、他の全ての事物を正当化する唯一の根拠である目的が複数存在し、それらが共に究極的であって互いに両立しないということ、人間がさまざまな目的の間で合理的に選択することが可能な包括的基準は存在しないという点であった。

こうした見解は実際それまでの考えを深く動揺させる結論であった。その意味するところによれば、もし人間が首尾一貫して生き、行動しようとし、いかなる目的を自ら追求しているかを理解しようとするならば、自ら追求する道徳的価値を吟味しなければならない。人間が二つの非通約的体系の間で選択をする必要に迫られ、しかもそれまでのように不可謬の測定指標――それはあるタイプの生が他の全てのそれより秀れていることを保証し、前者が全ての合理的人間を満足させるものであることを証明する機能を果していた――を用いることなしに選択をしなければならないならば、どういうことになるであろうか。マキアヴェッリの主張に含まれているこの恐るべき真理こそ、恐らく人々の道徳意識を動揺させ、彼らの心に絶えず、その後執拗につきまとったものではなかったであろうか。

マキアヴェッリ自身はこの点を仰々しく論じ立てることはなかった。彼にとっては問題もなければ苦悶もなかった。彼には懐疑主義や相対主義の痕跡はなく、彼は一方に加担し、この選択が無視し侮蔑する価値に対してはほとんど関心を示すことがなかった。彼の価値の尺度と伝統的道徳の尺度との間の対立は(クローチェや他の人々のように、マキアヴェッリを「苦悶する人文主義者」とする解釈には失礼だが)、マキアヴェッリを悩ませることがなかったように見える。動揺させられたのは彼の後の人々のみであった。なかんずくそれは一方で自らの持つ道徳的価値(キリスト教的または人文主義的)およびそれら全体を包括する思想や行動の全体のあり方を放棄する覚悟がなく、他方で政治的事実についてのマキアヴェッリの多くの分析や、それに付随する彼が華々しく、説得的に描いた社会構造の中に体現されている(大部分異教的な)価値や見解が、少なくとも妥当性を持つことを否定しない人々の間に見られた。

ある思想家が時代や文化の点でいかにわれわれと異なっていようとも、彼が依然として人々の情念、熱中あるいは激怒、あるいは何らかの類の激しい論争をまき起すのは、一般に彼が深く定着している物の見方を動揺させるテーゼを提起する場合であり、伝統的信念に固執しようとする人間がそれにもかかわらずそのテーゼを捨てたり、反駁したりするのが困難であるか、不可能であると自覚する場合である。こうしたことはプラトン、ホッブズ、ルソー、マルクスについても見られる。

これまでマキアヴェッリの教説を解釈し尽そうとする絶望的努力がなされてきた。その結果、マキアヴェッリは冷笑家、したがって結局のところ権力政治の皮相な擁護者とされたり、悪魔の信奉者、めったに生じないような一定の絶望的な状況のための処方箋を書いた愛国者、単なる無節操な人間、憤激に駆られた政治的落伍者、われわれが常に知っているが公言するのをはばかる真理を単に口にした人、更には普遍的に受容されてきた古代の社会原理を経験的レベルに移しかえた教養豊かな人物、秘かに共和主義を奉ずる風刺家(ユウェナリスの子孫、オーウェルの先駆者)、冷静な科学者、道徳的考慮から自由な、単なる政治の技術屋、今日すたれた様式に従う典型的なルネサンスの著作家、などの他、多くの形でこれまで規定され、今日なおそうされ続けている。私にすればこうした結果を長期間にわたって生み出した原因は全て、マキアヴェッリが読者の心に対して二つの見方を並置した――二つの両立不可能な道徳的世界をあるがままの形で――こと、そしてそこから生じた衝突と鋭い道徳的不快感にあった。

マキアヴェッリにここに挙げたような資質が少なくともいくらかあったかもしれないが、しかしそのうちのあるものに関心を集中し、それを彼の本質的、「真の」性格とするのは私によれば、マキアヴェッリが意図せずに、ほとんど偶然的に明らかにした不愉快な真理に直面するのを躊躇し、ましてやそれについて論ずるのを躊躇《ちゅうちょ》する態度の現われである。その真理とは、全ての究極的価値は必ずしも互いに両立し合うものでなく、唯一の究極的解決——それが実現すれば完全な社会が確立するであろう——という考え方そのものには実質的障害のみならず、概念上(通常「哲学的」と呼ばれている)障害がある、ということである。

三

しかしもしそうした回答が、原則としてであれ、定式化できないとすれば、全ての政治問題と道徳問題は実際それによって大きな変化を蒙ることになる。それは倫理からの政治の分離とは違ったものである。そこに明らかになったのは、何ら共通する基準——それらの間での合理的選択を可能にする——を持たない、一つ以上の価値体系が可能であるということである。ここで問題になっているのは、異教主義に加担してキリスト教を拒否することでもなければ(マキアヴェッリは明白に異教主義に好意を示したが)、キリスト教(これは少なくとも歴史的実態に即して見る限り、通常の人間の基礎的欲望と両立しないものであると彼は考えた)に加担して異教主義を排撃することでもない。問題はそれらが並存状態に置かれ、善良で有徳な私的生活を選ぶか、それとも秀れた、成功に満ちた社会生活を選ぶかという選択が、つまり双方でなく一方の選択が暗黙のうちに促されている点である。

マキアヴェッリはしばしば(ニーチェの如く)偽善の仮面を引き裂いた人間、真理を残酷に暴き出した人間などとして称讃されている。その彼が示したのは人間の言行が一致しないということ(もちろん彼はこの点も指摘したが)ではなく、人々が二つの理想が両立可能であるとか、それどころか一つの、同じ理想であるとか仮定する場合、実は背信の罪(実存主義者はそう呼んでいるし、マルクスの定式を用いるならば「虚偽意識」となる)を犯しており、そのことは彼らの行動に明らかであるということである。マキアヴェッリが挑戦状を突きつけたのは世間一般の道徳――通常人の生活の偽善性――に対してではなく、西欧の哲学的伝統の核心を成す一つの基本的な考え、すなわち、全ての真の価値が究極的に一致するという信念に対してであった。彼自身にはやましいところはなにもない。彼は自らの選択をした。彼は伝統的な西欧の道徳と手を切ることに苦しんだ気配は全くなく、実際そのことをほとんど自覚していなかったように見える。

しかし彼の作品が劇的に表現したこの問題は、彼自身に対してでなくその後の世紀の人々の前に突きつけられた。その問題とはわれわれはいかなる根拠に基づいて、正義と慈悲、謙譲と有能さ《ヴィルトゥ》、幸福と知識、栄光と自由、壮大さと神聖さが常に一致するだろう、あるいは実際に合致できると想定するかという点にあった。詩的正義が詩的正義と呼ばれるのは、それが一般に散文的な日常生活の中で起るからではなく正に起らないからであり、そこでは全く違った種類の正義が作用していると仮定されている。つまり「国家と人民とは個人とは全く違った仕方で統治される。」不滅の権利——それが中世的意味においてであれ、自由主義的意味においてであれ——について語る余地はどこから出て来うるであろうか。賢明な人間は自らの頭から幻想を打ち払い、他人の頭からもそれを追い払うようにすべきである。そしてもし彼らの抵抗があまり強いならば、パレートやドストエフスキーの大審問官が勧めているように、少なくとも実現可能な社会のための手段として彼らを利用し尽すべきである。

　ヘーゲルは「世界史の歩みは、徳、悪徳、正義の彼方にある」と言った[11]。もし「歴史の歩み」を「良く統治された祖国」と置き換え、ヘーゲルの徳の観念をキリスト教徒や通常の人間のそれと解するならば、マキアヴェッリはこの教説の最も早い主張者の一人となる。他の偉大な革新家たちと同様、彼にも先駆者がいなかったわけではない。しかしパルミエーリ、ポンターノといった名前、更にはカルネアデス、セクストゥス・エムピリクスといった名前さえも、そのヨーロッパ思想に残した足跡はほとんどない。

クローチェが、マキアヴェッリは冷淡でもなければシニカルでもなく、無責任でもないと主張したのは正当である。彼の愛国主義、彼の共和主義、彼の傾倒には疑問の余地がない。彼はその信念のゆえに制裁を受けた。彼は連綿としてイタリアとフィレンツェについて考えをめぐらし、その救済方法を考え続けた。しかし彼に他の思想家には見られない名声を与えたのはその性格でもなければ、劇作、詩、歴史書、外交、政治活動でもなかった。[112] それは彼の心理学的または社会学的想像力にのみ帰することもできない。彼は持続的で真の意味での利他主義がわずかなりとも可能であることをほとんど認めていないようである。したがって彼は強敵に対して戦いを挑まんとする人間や、必然性を無視し、展望のない事柄のために命を捨てる覚悟を固める人間が、いかなる動機を持っているか考えるのを拒絶する。

世間に疎い態度や、経験的観察を欠いた絶対的原理に対する彼の嫌悪感は想像を絶するほど強烈であり、その強さはほとんど現実離れしている。彼を夢中にさせるのは、あたかも道具に働きかけるかの如く他の人間に働きかける大君主の姿である。彼の仮定に依れば、違った社会は異なった目標を持つがゆえに、常に戦い合わざるを得ない。彼の目からすれば、歴史とは食うか食われるかの競争の果てしない過程であって、合理的人間が懐きうる唯一の目的は同時代人と後世の人々の前で成功を博すことである。彼の手腕は幻想を地上に降すことで発揮されたが、ちょうどミルがベンサムに対して不満を表明したように、マキアヴェッリもこれで十分であると考えた。彼は理想が人間に訴える力をあまりにも極小化した。彼には歴史的感覚もなければ、経済的観念もほとんどない。彼は政治生活、社会生活、そして特に戦争術を大きく変えんとしていた技術の進歩についても、何らほのめかすところがない。個人、共同体、文化がどのように発展し、自ら変化を遂げていくかを彼は理解しなかった。ホッブズ同様、自己保存をめぐる議論やそれへの動機づけが自動的に他を上廻ると彼は想定していたのである。

何よりもまず、彼は人々に愚者であってはならないと命ずる。自らを破滅に導くような原則に従うことは、少なくとも世間一般の基準から判断して馬鹿げているからである。もう一つ彼がうやうやしく語っているが全く興味を示さない基準がある。その基準とはそれを用いても自らの名を不滅にするような事蹟は何もできない類のものである。彼の描くローマ人が現実のものでないのは、その才気あふれた喜劇に登場する一定のタイプの人間がそうでないのと同様である。彼の描く人間はほとんど内面的生活を持たないか、共同生活や社会的連帯への能力を持たず、したがってホッブズのこれと似た人間の場合と同様、彼らが永続的な社会全体を形成するのに十分なだけの相互的信頼感をどのようにして育てることができるか——暴力行為を注意深く抑制し、その影を継続的に利用するとしても――、それを理解するのは困難である。

マキアヴェッリの著作、なかんずく『君主論』が他の政治についての著作よりも、人々の深刻で継続的な憤激をかったことはほとんど誰も否定しないであろう。その理由は、再度言わせてもらうならば、政治が権力のゲームであること――独立した共同体の間およびその内部の政治的関係は力と詐術の使用と結びつき、競技者の公言する原則とは無関係であること――を発見した点にあるのではない。こうした知識は人間が政治について意識的に考えるようになるや否や存在したのであって、実際トゥーキュディデース、プラトンと共に古いのである。その理由はまた、彼が権力の獲得や維持において成功したものとして挙げた実例にあるのでもない。シニガリアにおける虐殺やアガトクレス、オリヴェロット・ダ・フェルモの行為などについての記述は、その与える恐怖感においてタキトゥスやグィッチャルディーニなどに見られる類似の話と格別異なるところがない。犯罪は割りが合うことがあるという命題は、西欧の歴史学では決して新しいものではないのである。

こうした憤激の原因は彼が読者を動転させるような冷酷な方策を勧めた点にだけあるのではない。それというのもアリストテレスははるか昔に例外的事態の発生を認め、原理やルールはあらゆる状況に厳格に適用できないことを認め、『政治学』の中ではかなり無法な方策を助言しているからである。キケロも危機的状況が例外的方策を要求することを知っており、公共の利益の考慮（*ratio publicae utilitatis*）、状況の考慮（*ratio status*）というのは中世思想にお馴染みのものであった。「必要の前に法はない」とはトマス主義者の主張であり、[113]ピエール・ドーヴェルニュは同じことを語っている。ハリントンは次の世紀に同じことを語り、ヒュームはそれを称讃した。

こうした見解はこれらの思想家によって最初に考え出されたのでなく、恐らく思想家によって考え出されたものでもない。マキアヴェッリは国家理性という概念を考え出しもしなかったし、用いもしなかった。彼が強調したのは意志、大胆さ、巧妙さであり、フィレンツェ政庁[114]やおそらくはオリチェッラーリの園〔コジモ・ルチェッライが主宰した学問・文学サークルの会合場所〕での彼の仲間が持ち出したと推定される静かな理性《ラジョーネ》の指し示すルールを犠牲にしてそれを行なったのであった。レオン・バッティスタ・アルベルティは、運命が押しつぶすのは弱い、能力のない人間だけだと公言したが、彼はこの点でマキアヴェッリと同じである。同じことは当時の詩人たちにも見られるが、ピコ・デッラ・ミランドラは人間の能力――人間は天使と異なり、どのような姿にも自らを変えることができる――への有名な呼びかけの中で、同じ主張を独自の形で行なったのである。ヨーロッパおよび地中海世界の人文主義の根底に横たわっているのは、こうした人間像に対する熱烈な讃美である。

これに対してしばしばマキアヴェッリのより独創的な点であるとして挙げられるのが、彼以前(マルシリオも)においても以後においても神学的世界像の枠内で論じられていた政治行動を、研究領域として神学的世界像から切り離した点である。しかし彼の世俗主義が当時いかに大胆であったにしろ、彼がヴォルテールやベンサム、その後継者たちの心を動揺させることができたのはその世俗主義のゆえではなかった。彼らに衝撃を与えたのはそれとは別の何物かであった。

マキアヴェッリの業績の核心をなすのは、繰り返し言わせてもらえば、彼が解決不可能なディレンマを暴露し、後世の人々の歩む道筋に永遠の疑問符を植えつけた点にある。その源泉は次のようなことに事実上気がついた点にあった。すなわち、複数の同じように究極的で、同じように神聖な目的が互いに対立し合い、価値の全体系は理性による調停の可能性を失って内部衝突に陥り、しかもそれは尋常ならざる事態や偶発事件、過失の結果としての例外的状況――アンティゴーネとクレオン、トリスタン物語に見られるような衝突――においてのみならず、(この点が確かに新しい点であるが)人間の通常の状況の一部分であることである。

こうした衝突をまれな、例外的な、災難であると考える人々にとって、選択をしなければならないことは理性的存在として予め備えることができなかった(いかなるルールも適用できないため)苦衷に満ちた経験とならざるを得ない。しかしマキアヴェッリには、少なくとも『君主論』『論考』『マンドラゴラ』には苦悩は全く見られない。人が選択をするのは自らの欲するものを知り、それに対して犠牲を払う用意があるからである。人がチベットの砂漠よりも古代の文化を選び、エルサレムでなくローマを選ぶのは、聖職者がどう言うとも、それが彼の本質にかなうからであり、そして――彼は実存主義者でもロマンチックな個人主義者でもないので――それがあらゆる時代、あらゆる場所での人間の本質にかなうからである。もし他の人々が孤独あるいは殉教の方を好むならば、彼はその肩をすくめる。そうした人間は彼の味方ではない。彼はそうした人々に何も語らないし、彼らと何か論ずることもしない。彼や彼に同意を表明する人々にとって重要なのは、こうした人間は政治や教育など人間生活の中心的作業に関わり合うべきでなく、彼らの見解はこうした作業をするには向ないという点に尽きる。

マキアヴェッリが多元主義やその間で自覚的選択の必要な価値の二元主義の存在について明確な主張をしたなどと、私は言ってはいない。しかしこれは彼が称讃した行為と批判した行為との間の対照から論理的に出てくる。彼には古代の公民の徳が明らかに他に勝るのは当然のことであり、キリスト教的価値や通俗道徳は無視され、侮蔑的あるいは横柄な言葉、あるいは二、三の章句によって、更にはキリスト教の誤った解釈についての巧みな言葉によって処理される(115)。こうした態度は彼と見解を異にする人々をますますいら立たせ、激怒させる。それというのもマキアヴェッリは彼らの信念に反することをあたかも自覚していないかのような形で主張し、そして邪悪な方策を何か明らかに非常に思慮分別のあるものであるかの如く勧め、それを拒絶するのは馬鹿と夢想家にすぎないものとしているからである。

もしマキアヴェッリの信ずるところが真実であれば、西欧思想の一つの主要な前提が掘り崩されることになる。その前提とはどこかに、過去にあるいは未来に、この世にあるいはあの世に、教会や実験室に、形而上学者の思弁や社会科学者の発見に、単純な善人の堕落していない心の中に、人生いかに生きるべきかという問いに対する最終的回答が見出されるはずである、という考えである。もしこれが誤りであるならば(そしてこの問いに対して一つ以上の回答が与えられれば、それは誤りであることになる)、唯一の、真の、客観的、普遍的な人間の理想という観念は崩壊する。それを探究すること自体実際問題としてユートピア的であるのみならず、論理的一貫性に欠ける。

しかしこれと反対の前提の下で育って来た人間——信仰の持主、芸術家、経験主義者、先験論者——にとって、これに真っ向から直面するのがいかに難しいかは確かに理解できる。一元主義的な宗教体制、少なくとも一元主義的な道徳、政治、社会の仕組みの中で育って来た人々にとって、それに裂け目をあけられることほど動揺を招くものはない。これがマイネッケのいう匕首《あいくち》であり、マキアヴェッリはこれによって決して癒されることのない傷を与えた。フェリックス・ギルバートが正当にも指摘しているように、マキアヴェッリ自身はこの傷痕を持ってはいなかった。それというのも彼はやはり一元論者に――異教的なそれではあったが――止まったからである。

マキアヴェッリが多くの混乱や誇張に責任があることは疑問の余地がない。彼は究極の理想は一致しないだろうという命題を、より通俗的な人間の理想――自然法、友愛、人間の善良さに基づく――は実現できないものであるという全く異なった命題と混同し、この後者の命題と異なった見解に基づいて行動する人間は馬鹿であり、時には危険であるという全くそれと違った命題と混同し、この疑わしい主張を古代に帰せしめ、歴史によって証明されると信じた。この二つの主張のうち〔究極の理想は一致しないという〕前者は、終局的解決に到達できるとか、あるいは少なくともそれを定式化できると信ずる全ての教説の根本を攻撃するものであり、第二の命題は経験的、常識的であり、自明ではない。これら二つの命題はいかなる形でも同一でなく、あるいは論理的に結びつくものではない。

その上彼は甚だしい誇張をした。ペリクレスのギリシャやローマの古い共和政といった理想のタイプは、キリスト教国（そうしたものが考えられるとして）の理想の公民とは融和しがたいかもしれないが、しかし実際には――特にマキアヴェッリが証明のためではないにしろ例示のために用いた歴史には――純粋な事例はほとんど存在しない。そこにあるのは両者の混合物、複合物、妥協の産物、容易には分類できないような形態の共同体である。しかしキリスト教徒にしろ、自由主義的人文主義者にしろ、マキアヴェッリにしろ、そのことを信念からして拒否せざるを得ないものでないことはあまり大きな知的困難を伴わずに理解できる。それにしてもマキアヴェッリの業績の中で第一級に属するのは、やはり全文明の中心的な前提を攻撃し、癒すことのできない打撃を与えたことにある。

マキアヴェッリはこの二元主義を肯定しなかった。彼は単に教会の教えるキリスト者の生活に対して、ローマ的な古来の徳が優越していることを当然のこととした（これは立場を異にする人にとっては非常に不愉快なことであったかもしれない）。彼はキリスト教の持っていた可能性について不用意な言葉を二、三吐いたが、キリスト教が今あるような性格を変えることは期待しなかった。彼はここで事柄を放置しておいた。キリスト教道徳を信じ、キリスト教国がその現われであると考え、同時にマキアヴェッリの政治的、心理的分析の妥当性を大部分受け容れ、ローマの世俗主義の遺産を拒否しない人間、こうした人間はもしマキアヴェッリが正しければ、解決されないのみならず解決できないディレンマに直面したであろうと予見される。ヴァニーニやライプニッツによれば、『君主論』の著者はゴルディウスの結び目を結んだ、切ることはできるがほどくことのできないこの結び目を[116]。したがって彼の教説を薄めたり、そのとげを除去する形で解釈しようと努めるのは正しくない。

マキアヴェッリ以後、全ての一元主義的思想建築物は疑いの目をのがれることはできなくなった。どこかに隠れた宝——われわれの病弊に対する最終的回答——があり、それに至る道があるはずだ(それというのも、こうした答は原則として発見可能であるはずであるから)といった確実性の意識、それと違ったイメージを用いていえば、われわれの信念や習慣の形づくる断片ははめ絵の一片であり、したがってそれは原則的に解決可能であり(そのことはア・プリオリに保証されているので)、全ての利益の調和が実現する回答を発見するのに成功していないのは技術が乏しいか、愚かであるか、不運であるためであるという信念、こうした西欧政治思想の基本的な信念は激しく動揺するに至った。確実性を求める時代にあって、『君主論』と『論考』を説明しよう、あるいは釈明しようとする無限の試み——それはかつてよりも今日の方が多い——が確かに見られるが、その理由はこれで十分説明されるであろう。

これはマキアヴェッリの所説に含まれる消極的な帰結である。しかし実は積極的帰結、マキアヴェッリを驚かせ、恐らく不愉快にする積極的帰結も存在している。一つの理想が真の目的である限り、常にいかなる手段も困難すぎることはなく、いかなる犠牲も高すぎることはないように思われ、人間は究極目的の実現のために必要なあらゆることをすると考えられる。こうした確実性の意識こそ、熱狂主義、強制、迫害を正当化するのに与《あずか》って力のあるものの一つである。しかしもし全ての価値が互いに一致することなく、それぞれの価値のあるがままの姿に基づいて選択しなければならず、ある価値を選ぶのはそれがある単一の基準との関連でより高次のものとされるからではなく、そのあるがままの姿のゆえであるとしよう。またある生活を信ずるがゆえにそうした生活様式を選び、またそれを当然と考えるがゆえに、あるいは吟味の結果、われわれは他の形の生き方をする道徳的心構えができていないことがわかった(他の人々は違った選択をするとしても)がゆえにこうした生き方を選ぶとしよう。合理性や計算が適用されうるのは手段や従属的目的についてであって、決して究極目的についてではない、としよう。ここに現われてくるのは、人間にとって唯一の善があるという古い原理の下に構築された世界とは全く違った世界である。

もしパズルの答が一つだけしかないならば、そこで問題になるのは、第一にそれをどのようにして見出し、次にどのような形で実現し、最後に説得や力によっていかに他の人々がその答を信奉するようにするか、だけである。しかしもしパズルの答が一つでないならば(マキアヴェッリは二つの生き方を対比したが、しかし狂信的一元主義者を除けば、二つ以上の生き方があり得るし、かつあることは明らかである)、経験主義、多元主義、寛容、妥協への道が開かれる。寛容は歴史的に見て、同じような独断的信仰が和解できないこと、一方の他方に対する完全な勝利が実際上あり得ないことが意識された結果として生じた。生き延びようと欲する人々は誤りを寛容しなければならないことを知った。彼らは徐々に多様性に価値を認めるようになり、人間の世界の事柄について確定的な解決があるという立場に対して懐疑的となった。

しかしあることを実際に受け容れるのと、それを合理化するのとは別である。マキアヴェッリの「けしからぬ」著作は後者の道のはしりであった。それは重要な転換点であって、著者自身は全く意識していなかったが、歴史の幸運な皮肉の結果、その知的帰結として出て来たのは正に自由主義の諸基礎であった。マキアヴェッリが自由主義を弱体で無性格なものとして批判し、権力を一貫して追求する点に欠け、光輝や組織、有能さ《ヴィルトゥ》などに欠け、無秩序な人間を強敵に抗してエネルギーを持った全体へと組織する力に欠けるとして批判したことは確実であったであろう。しかし彼は、彼自身のこうした見解にもかかわらず、多元主義および多元主義による(彼にとっては)危険に満ちた寛容の受容の創始者の一人であった。

それまであった統一を破壊することによって彼は、人間が公私の生活(この二つが完全に切り離したままでおかれないことは既に明らかになった)の中で実践的あるいはなお悪いことに論理的に矛盾する選択肢の間で選択をしなければならないこと、その必要を人々に自覚させるのに寄与したのである。彼の業績が第一級であるのは、そのディレンマが明るみになって以来、正に人間には決して平安の時が訪れることがなかったからである(そのディレンマは解決されないままに止まり、われわれはそれと共に生きることを学んだ)。人間は疑いもなくマキアヴェッリが明らかにした対立をしばしば十分すぎるほど現実に体験した。マキアヴェッリはこの対立に違った表現を与え、パラドックスを常識的なことに変えた。

マイネッケのいう剣の鋭さは失われることがなく、それによって与えられた傷は癒されていない。最悪の場合を知るということは、必ずしもその帰結を常に免れているということにはならないが、しかし無知よりはましである。マキアヴェッリはわれわれの目をこの苦痛に満ちた真理へと有無を言わさず向けさせた。その際彼はそれを明確に定式化したのでなく、伝統的道徳をほとんどそのままユートピアの領域に属するものだと主張することによって恐らくより効果的にその真理を示したのであった。これがいずれにせよ、私の主張したい事柄である。二〇以上の解釈が確固とした地歩を占める中に、更にもう一つの解釈を加えることは出しゃばりとは考えられないであろう。クローチェはその長い生涯の終りに臨んで「恐らく将来も決して解決されない問題がある。それはマキアヴェッリの提起した問題である」と語った[117]が、この問題は提起されて以来四世紀以上を経ている。私の解釈はいくら悪くとも他の試みと同様、それを解決しようとするもう一つの試みにすぎない。

謝辞

この論文の草稿は、一九五三年[三月二六日、オックスフォード大学エクセター・コレッジ]の政治学会のイギリス部会の会合で発表された。この機会を借りて、その際私の方からこの草稿を送ってコメントを求めた友人、同僚に感謝の意を表したい。その中にはA・P・ダントレーヴ、カール・J・フリードリヒ、フェリックス・ギルバート、メイロン・ギルモア、ルイ・ハーツ、J・P・プラムナッツ、ローレンス・ストーン、ヒュー・トレヴァ＝ローパーがいる。私は彼らの批判から多くの有益な示唆を得、その結果多くの誤りを免れることができた。もちろんここに述べた点に関しては私一人の責任である。

原　注

（1）その完全なリストは今日［一九七二年］三〇〇〇以上の論文にのぼっている。以下の文献解題は私にとって非常に有益であった。P. H. Harris, 'Progress in Machiavelli Studies', *Italica*, 18 (1941), pp. 1–11; Eric W. Cochrane, 'Machiavelli: 1940–1960', *Journal of Modern History*, 33 (1961), pp. 113–36; Felix Gilbert, *Machiavelli and Guicciardini* (Princeton, 1965); Giuseppe Prezzolini, *Machiavelli anticristo* (Rome, 1954), trans. into English as *Machiavelli* (New York, 1967; London, 1968); De Lamar Jensen (ed.), *Machiavelli: Cynic, Patriot, or Political Scientist?* (Boston, 1960); Richard C. Clark, 'Machiavelli: Bibliographical Spectrum', *Review of National Literatures*, 1 (1970), pp. 93–135.

（2）彼が事柄を極めて極端な形で（*troppo assolutamente*）展開する癖があったことはグィッチャルディーニによって既に注目されていた（'Considerazioni intorno ai *Discorsi* del Machiavelli', book 1, chapter 3, p. 8, in *Scritti politici e ricordi*, ed. Roberto Palmarocchi (Bari, 1933)）。

（3）Alberico Gentili, *De legationibus libri tres* (London, 1585), book 3, chapter 9, pp. 101–102.

（4）Garrett Mattingly, 'Machiavelli's *Prince*: Political Science or Political Satire?', *American

Scholar, 27 (1958), pp. 482–91.

(5) *Tractatus politicus*, chapter 5, section 7.〔畠中尚志訳『国家論』六一―六二頁、岩波文庫、一九四〇年〕

(6) *Du contrat social*, book 3, chapter 6, note.〔桑原武夫・前川貞次郎訳『ルソー 社会契約論』一〇三頁、岩波文庫、一九五四年〕

(7)「支配者の権力を強化しながら、月桂冠をはぎとり、全ての人々に暴露した。それがどんなに涙と血とをしたたらせているかを。」(Ugo Foscolo, *I sepolchri*, 156–58)

(8) Luigi Ricci, preface to Niccolò Machiavelli, *The Prince* (London, 1903).

(9) Allan H. Gilbert, *Machiavelli's* Prince *and its Forerunners* (Durham, North Carolina, 1938).

(10) Prezzolini, *op. cit.*(注(1))

(11) Hiram Haydn, *The Counter-Renaissance* (New York, 1950).

(12) 例えばスペイン人Pedro de Ribadeneira, *Tratado de la Religión* (Madrid, 1595)やClaudio Clemente (pseudonym of Juan Eusebio Nieremberg), *El Machiavelismo degollado* (Alcalá, 1637)。

(13) Giuseppe Toffanin, *La fine dell'umanesimo* (Turin, 1920).

(14) Roberto Ridolfi, *Vita di Niccolò Machiavelli* (Rome, 1954), trans. by Cecil Grayson as *The Life of Niccolò Machiavelli* (London and Chicago, 1963).〔須藤祐孝訳・注解『マキァヴ

エッリの生涯』岩波書店、二〇〇九年〕

(15) *The Discourses of Niccolò Machiavelli*, trans. and ed. by Leslie J. Walker (London, 1950).

(16) Felice Alderisio, *Machiavelli: l'Arte dello Stato nell'azione e negli scritti* (Turin, 1930).

(17) Prezzolini, *op. cit.*, English version, p. 231.

(18) Ridolfi, *op. cit.*, Italian version, p. 382; English version, p. 235.〔前掲邦訳、三六二頁〕

(19) クローチェはマキアヴェッリを「厳しさと苦悩に満ちた道徳的良心」の持主としている(*Elementi di politica*, Bari, 1925, p. 62〔上村忠男編訳『クローチェ政治哲学論集』五九頁、法政大学出版局、一九八六年〕)。マキアヴェッリは実際には赤裸々な権力政治——ゲルハルト・リッター言うところの「権力のデーモン」(Gerhard Ritter, *Machstaat und Utopie: vom Streit um die Dämonie der Macht seit Machiavelli und Morus* (Munich, 1940), その改訂版 *Die Dämonie der Macht: Betrachtungen über Geschichte und Wesen des Machtproblems im politischen Denken der Neuzeit* (Stuttgart, [1947]))〔西村貞二訳『権力思想史——近世の政治的思惟における権力問題の歴史および本質に関する考察』みすず書房、一九五三年〕——を告発しようとした、という解釈は一六世紀にまで遡るものである(今日なお欠くべからざるものであるバード版、*The Prince*, Oxford, 1891, p. 31 ff. を参照のこと)。

(20) *Ibid.*, p. 66. なお Cochrane, *op. cit.*(注(1)), p. 115, note 9 のコメントを参照のこと。

(21) Cochrane, *ibid.*, p. 118, note 19 の引用を見よ。

(22)「スイス人は最もよく武装[*armatissimi*]しているがゆえに最も自由[*liberissimi*]である。」(*The Prince*, chapter 12〔佐々木毅訳註『君主論』講談社学術文庫、二〇〇四年〕)

(23) Vittorio Alfieri, *Del principe e delle lettere*, book 2, chapter 9. *Opere*, vol. 4, ed. Alessandro Donati (Bari, 1927), pp. 172–73.

(24) Mattingly, *op. cit.*(注(4))

(25) Eric Vögelin, 'Machiavelli's *Prince*: Background and Formation', *Review of Politics*, 13 (1951), pp. 142–68.

(26) Ernst Cassirer, *The Myth of the State* (London and New Haven, Connecticut, 1946), chapter 12.〔熊野純彦訳『国家と神話』上巻、岩波文庫、二〇二一年〕

(27) Augustin Renaudet, *Machiavel: étude d'histoire des doctrines politiques* (Paris, 1942).

(28) Leonardo Olschki, *Machiavelli the Scientist* (Berkeley, California, 1945).

(29) W. K. Hancock, 'Machiavelli in Modern Dress: an Enquiry into Historical Method', *History*, 20 (1935–36), pp. 97–115.

(30) Karl Schmid, 'Machiavelli', in Rudolf Stadelmann (ed.), *Grosse Geschichtsdenker* (Tübingen/Stuttgart, 1949); Leonard von Muralt, *Machiavellis Staatsgedanke* (Basel, 1945)に対するA・P・ダントレーヴの卓抜な書評(*English Historical Review*, 62 (1947), pp. 96–99)を見よ。

(31) 彼の一九二五年の元の論文の中で('Del "Principe" di Noccolò Machiavelli', *Nuova rivista*

storica, 9 (1925), pp. 35–71, 189–216, 437–73; repr. as a book (Milan/Rome/Naples, 1926))、シャボーは本論文の結論に近づくような形でクローチェの見解を発展させた。シャボーのマキアヴェッリ論を集めた英訳版 *Machiavelli and the Renaissance*, trans. David Moore, introduction by A. P. d'Entrèves (London, 1958), pp. 30–125 ('*The Prince*: Myth and Reality')と *Scritti su Machiavelli* (Turin, 1964), pp. 29–135 を参照せよ。

(32) Ridolfi, *op. cit.*(注(14)), Italian version, p. 364.〔前掲邦訳、三四三頁〕

(33) Renaudet, *op. cit.* の書評 Vittorio de Caprariis, *Rivista storica italiana*, 60 (1948), pp. 287–89.

(34) Gennaro Sasso, *Niccolò Machiavelli* (Naples, 1958).

(35) もしマキアヴェッリの『君主論』がその歴史的文脈――分裂し、侵略され、自尊心を傷つけられたイタリアという――の中で解釈されるならば、それは何にもとらわれない、「全ての状況に用いられうる、したがって特定の状況に限定されない、道徳的、政治的原則の一覧表」とはならず、「真の政治的天才、偉大で高貴な心の持主の懐《いだ》く、極めて壮大で、真理に満ちた考え」となって現われる(*Die Verfassung Deutschlands*, in *Schriften zur Politik und Rechtsphilosophie* (*Sämtliche Werke*, ed. Georg Lasson, vol. 7), 2nd ed. (Leipzig, 1923), p. 113)〔金子武蔵訳『ヘーゲル　政治論文集』上巻、一六四―五頁、岩波文庫、一九六七年〕。ヘーゲルが、ドイツの統一者と考えられる「征服者の権力」を擁護している点については p. 135〔邦訳一九六頁〕参照。彼は同じような状況にあったイタリアの先駆者と見なしている。

(36) 特にトマジーニの厖大な作品*La vita e gli scritti di Niccolò Machiavelli nella loro relazione col Machiavellismo*(vol. 1, Rome/Turin/Florence, 1883; vol. 2, Rome, 1911)を見よ。この点に関してエルンスト・カッシーラーは正当かつ適切な主張をしている。すなわち、マキアヴェッリの見解をもっぱらその時代を反映したものとして評価する——正当化する——ことと、彼自身意識的にイタリア人に対してのみ語りかけ、そしてバードの言を信じるならば、全てのイタリア人に対して語りかけたのではないと主張することとは違ったことであって、この点を混同するのは彼と彼の属する文化についての誤解に基づいている。ルネサンスは自らを歴史の相の下に見なかった。マキアヴェッリが求め、そして見出したと考えたのは社会行動についての超時間的、普遍的真理であった。彼が同時代人および先達と共有している反歴史的前提を否定したり無視することは、彼のためにもならなければ真理のためにもならない。ヘルダー以来のドイツの歴史学派、更にはマルクス主義者アントニオ・グラムシはマキアヴェッリに称讃を惜しまなかったが、その根拠は彼の時代についての現実主義的理解、当時のイタリアとヨーロッパの社会・政治状況の急激な変化に対する洞察、封建社会の崩壊やイタリアの小君主国内での権力関係の変化等に対する洞察にあった。彼らはこうした点に彼の強味を認め、それに対して讃辞を与えたが、こうした讃辞は永遠の真理を発見したと信じ込んでいた人間をいら立たせるものであったろう。彼は同国人コロンブスと同様、自らの業績の本質を誤解していたかもしれない。もし歴史学派(マルクス主義を含む)が正しいならば、マキアヴェッリは自ら行なうと宣言したことを行なわなかったし、行なうことができなかったことになる。

しかしそれをするのを宣言しなかったと仮定しても何らうるところはない。彼の時代からわれわれの時代に至る多くの証人はヘルダーの主張を否定し、マキアヴェッリの目的は政治学の永遠の原理の発見にあり、その点でユートピア的性格を持っていたこと、そして彼はその目標を達成したというよりもそれに接近したことを主張するであろう。

(37) Herbert Butterfield, *The Statecraft of Machiavelli* (London, 1955).

(38) Raffaello Ramat, '*Il Principe*', in *Per la storia dello stile rinascimentale* (Messina/Florence, 1953), pp. 75–118.

(39) Lauri Huovinen, *Das Bild vom Menschen im politischen Denken Niccolò Machiavellis* (*Annales Academiae Scientiarum Fennicae*, series B, vol. 74 (Helsinki, 1951), No. 2).

(40) 「われわれは人間が何を為すべきかを語っている人々よりも、人間がどうあるかを公然とありのままに述べ、叙述したマキアヴェッリやその類の文筆家に多くを負っている。」ベーコンは更にこの点を説明して善を知るためには悪を研究しなければならないと語り、最後にこうした研究方法を「堕落した知恵」と呼んでいる(*De augmentis*, book 7, chapter 2, and book 8, chapter 2: quoted from *The Works of Francis Bacon*, ed. Spedding, Ellis and Heath (London, 1857–74), vol. 5, pp. 17, 76)。これをマキアヴェッリがアルヴィジ版(Niccolò Machiavelli, *Lettere familiari*, ed. Edoardo Alvisi (Florence, 1883))所収第一七九のグィッチャルディーニ宛書簡で述べたアフォリズムと比較せよ。「地獄を避けるために地獄への道を学ぶことが、天国へ行く真の方法であると私は考える。」A・P・ダントレーヴは親切にもこの特色ある一節に対する私の注意を喚起してくれた。私の知る限りベーコンがそれを知っていたと推定する根拠はない。またT・S・エリオットが次のように書く時、彼もまたこのマキアヴェッリの一節を知っていたとは思えない。「モルレイ卿は〔……〕、マキアヴェッリは〔……〕人間の自然について半分の真理しか知っていないことを感じていた。マキアヴェッリが人間の本質について知らなかったのは、自由主義思想が神の恩寵への信仰に代えて主張した人間の善という神話である。」('Niccolò Machiavelli', in *For Lancelot Andrewes* (London, 1970), p. 50)

(41) Traiano Boccalini, *Ragguagli di Parnaso*, centuria prima, No. 89.

(42) Friedrich Meinecke, *Die Idee der Staatsräson in der neueren Geschichte*, 2nd ed. (Munich/Berlin, 1927), trans. by Douglas Scott as *Machiavellism* (London, 1957).〔菊盛英夫・生松敬三訳『近代史における国家理性の理念』みすず書房、一九七六年〕

(43) René König, *Niccolo Machiavelli: Zur Krisenanalyse einer Zeitenwende* (Zurich, 1941).〔小川さくえ・片岡律子訳『マキアヴェッリ——転換期危機分析』法政大学出版局、二〇〇一年〕

(44) Renzo Sereno, 'A Falsification by Machiavelli', *Renaissance News*, 12 (1959), pp. 159–67.

(45) *Ibid.*, p. 166.

(46)　*The Prince*, dedication (trans. by Allan Gilbert in Machiavelli, *The Chief Works and Others*, 3 vols. (Durham, North Carolina, 1965), vol. 1, p. 11. この論文でのマキアヴェッリの著作からの引用は、特に断わらない限りこの版による).

(47)　この見解を展開した最近の成果については、Judith Janoska-Bendl, 'Niccolò Machiavelli: Politik ohne Ideologie', *Archiv für Kulturgeschichte*, 40 (1958), pp. 315–45 を見よ。

(48)　Letter to Engels, 25 September 1857, *Marx and Engels, Collected Works*, vol. 40, p. 187〔『マルクス＝エンゲルス全集』第二九巻、一五三頁、大月書店、一九七二年〕; Introduction to *Dialectics of Nature*, *ibid.*, vol. 25, p. 319〔田辺振太郎訳『自然の弁証法』上巻、一九頁、岩波文庫、一九五六年〕. われわれの知っているボルシェヴィキ知識人のマキアヴェッリ論としては唯一つ、カーメネフの『君主論』のロシア語訳（モスクワ、一九三四年）への短命に終った序文（これは英語で 'Preface to Machiavelli', *New Left Review*, No. 15 (May–June 1962), pp. 39–42 として重版された）だけである。この論文はカッシーラーの批判した全くの歴史主義的、社会学的接近方法に徹頭徹尾従っている。マキアヴェッリは、イタリアの小君主国内、小君主国間の「権力をめぐる闘争のメカニズム」に心を奪われた活動的な文筆家、「強力な、民族的、本質的にブルジョア的な」イタリア国家の形成以前の「社会学的」無秩序状態について見事な分析を行なった社会学者として描かれる。彼のほとんど「弁証法的」とも言える権力の現実についての把握、形而上学的、神学的幻想からの自由、こうした点でマキアヴェッリはマルクス、エンゲルス、レーニン、スターリンの先駆者に値する人物である。このカーメネフの見解は、彼の裁判に際して検察官ヴィシンスキーによってとり上げられた。この点についてはChimen Abramsky, ‘Kamenev’s Last Essay’, *New Left Review*, No. 15 (May–June 1962), pp. 34–38を見よ。そしてロシアにおけるマキアヴェッリの特異な運命についてはJan Malarczyk, *Politicheskoe uchenia Makiavelli v Rossii, v russkoi dorevolyutsionnoi i sovetskoi istoriografii* (*Annales Universitatis Mariae Curie-Sklodkowska*, vol. 6, No. 1, section G, 1959 (Lublin, 1960))を見よ。

(49) George H. Sabine, *A History of Political Theory* (London, 1951).

(50) Antonio Gramsci, *Note sul Machiavelli*, in *Opere*, vol. 5 (Turin, 1949).〔上村忠男編訳『新編 現代の君主』ちくま学芸文庫、二〇〇八年〕

(51) Jakob Burckhardt, *The Civilization of the Renaissance in Italy*, trans. S. G. C. Middlemore (London, 1929), part 1, chapter 7, pp. 104 ff.〔新井靖一訳『イタリア・ルネサンスの文化』上巻、一〇四頁以下、ちくま学芸文庫、二〇一九年〕

(52) Meinecke, *op. cit.*(注(42))

(53) C. J. Friedrich, *Constitutional Reason of State* (Providence, Rhode Island, 1957).

(54) Charles S. Singleton, ‘The Perspective of Art’, *Kenyon Review*, 15 (1953), pp. 169–89.

(55) Joseph Kraft, ‘Truth and Poetry in Machiavelli’, *Journal of Modern History*, 23 (1951), pp. 109–21を見よ。

(56) Edward Meyer, *Machiavelli and the Elizabethan Drama* (Litterarhistorische

Forschungen I: Weimar, 1897)参照。この点については、Christopher Morris, 'Machiavelli's Reputation in Tudor England', *Il pensiero politico*, 2 (1969), pp. 416–33, especially p. 423; Mario Praz, 'Machiavelli and the Elizabethans', *Proceedings of the British Academy*, 13 (1928), pp. 49–97; Napoleone Orsini, 'Elizabethan Manuscript Translations of Machiavelli's *Prince*', *Journal of the Warburg Institute*, 1 (1937–38), pp. 166–69; Felix Raab, *The English Face of Machiavelli* (London, 1964; Toronto, 1965); J. G. A. Pocock, 'Machiavelli, Harrington and English Political Ideologies in the Eighteenth Century', in *Politics, Language and Time* (London, 1972), pp. 104–47の他、何よりも有名なのがWyndham Lewis, *The Lion and the Fox* (London, 1951)である。*The Classical Republicans* (Evanston, 1945)におけるZ・S・フィンク、J・G・A・ポコック、フェリックス・ラーブは一七世紀イングランドにおけるマキアヴェッリの積極的影響――ベーコンとハリントンという代表的な讃美者を持つ――を強調している。

(57) Iudicium[...] *De Nicolao Machiavello*(Rome, 1592), pp. 158, 162.

(58) Renzo Sereno, *op. cit.*(注(44)), p. 166; Bertrand Russell, *Power: A New Social Analysis* (London, 1938), p. 98.〔東宮隆訳『権力――その歴史と心理』一〇二頁、みすず書房、一九五一年〕

(59) 'Preludio al "Machiavelli"', *Gerarchia*, 4, no. 3(April 1924), p. 205.

(60) Jacques Maritain, 'The End of Machiavellianism', *Review of Politics*, 4 (1942), pp. 1–33.

(61) Leo Strauss, *Thoughts on Machiavelli* (Glencoe, Illinois, 1958).〔飯島昇藏・厚見恵一郎・村田玲訳『哲学者マキァヴェッリについて』勁草書房、二〇一一年〕

(62) 『君主論』についての相対立する多くの諸見解を、極めて巧みに鮮かに説明しているのが注(1)にあげたコックレンの論文であって、本論文の一覧表もそれに多くを負っている。それ以前の見解の対立については、基本文献であって今なお欠かすことのできない、Pasquale Villari, *The Life and Times of Niccolò Machiavelli*, trans. Linda Villari (London, 1898)を見よ。ヴィラーリが引用しているそれ以前の文献には例えば、Robert von Mohl, 'Die Machiavelli-Literatur', in *Die Geschichte und Literatur der Staatswissenschaften* (Erlangen, 1855–58), vol. 3, pp. 519–91 と J. F. Christius, *De Nicolao Machiavelli libri tres* (Leipzig, 1731)がある。その後の作品については注(1)を見よ。

(63) John Neville Figgis, *Studies of Political Thought from Gerson to Grotius*, 2nd ed. (Cambridge, 1916).

(64) *Discourses*, I, 12.〔永井三明訳『ディスコルシ ローマ史論』ちくま学芸文庫、二〇一一年〕

(65) このしばしば論じられた問題についての適切なテーゼについてはウィットフィールドの *Machiavelli* (Oxford, 1947)の特に pp. 93–95、ヘクスターの '*Il principe* and *lo stato*', *Studies in the Renaissance*, 4 (1957), pp. 113–35 を見よ。反対の見解については、Fredi Chiapelli, *Studi sul linguaggio del Machiavelli* (Florence, 1952), pp. 59–73; Francesco Ercole, *La

politica di Machiavelli (Rome, 1926); Felix Gilbert, *op. cit.*（注（1））, pp. 328–30を見よ。ギルバートの反エルコーレ的テーゼはその論文 'The Concept of Nationalism in Machiavelli's Prince', *Studies in the Renaissance*, 1 (1954), pp. 38–48に見られる。H・C・ドウェルはもっと主張を推し進め、結局マキアヴェッリはstateという語を発明することによって近代政治学を築いたと主張しているように思われる（'The Word "State"', *Law Quarterly Review*, 39 (1923), pp. 98–125）。

(66) Meinecke, *op. cit.*（注（42））, p. 61 (English version, p. 49).〔前掲邦訳、六五頁〕

(67) Maritain, *op. cit.*（注（60））, p. 3.

(68) Jeffrey Pulver, *Machiavelli: The Man, His Work, and His Times* (London, 1937), p. 227.

(69) *The Prince*, dedication.

(70) ここでこの『君主論』一七章の有名な一節については、プレッツォリーニの躍動的な訳文を用いた。（'The Christian Roots of Machiavelli's Moral Pessimism', *Review of National Literatures*, 1 (1970), p. 27）

(71) *Discourses*, II, 2.

(72) 注(65)を参照せよ。

(73) このゆえにマキアヴェッリはデ・サンクティスに称讃されたが、（プレッツォリーニが指摘したように、注(1)参照）このゆえにモーリス・ジョリィの有名な *Dialogue aux enfers*

entre Machiavel et Montesquieu（Brussells, 1864）で非難された（なおこのジョリィの作品は偽作 *Protocols of the Learned Elders of Zion*（London, 1920）の元になった）。

（74） *Discourses*, I, 26.

（75） *Ibid.*, II, 2.

（76） *Ibid.*

（77） *Ibid.*

（78） *Ibid.*, I, 12.

（79） *Ibid.*

（80） *Johann Gottlieb Fichte's nachgelassene Werke*, ed. I. H. Fichte（Bonn, 1834–5）, vol. 3, pp. 411–13.〔菅野健・杉田孝夫訳「著作家としてのマキァヴェッリについて並びに著作からの抜粋」『フィヒテ全集』第一七巻、晢書房、二〇一四年〕

（81） Prezzolini, *op. cit.*（注（1））, English version, p. 43.

（82） 注（77）（78）参照。

（83） *The Prince*, chapter 19.

（84） *Ibid.*, chapter 18.

（85） *Ibid.*, chapter 14.

（86） *Ibid.*, chapter 15.

（87） *Ibid.*

（88）　*Ibid*., chapter 18.

（89）　*Ibid*., chapter 8.

（90）　*Ibid*.

（91）　Cochrane, *op. cit.*（注（1）), p. 115.

（92）　Croce, *op. cit.*（注（19）), p. 60.〔前掲邦訳、五七頁〕

（93）　マイネッケとプレッツォリーニ（*op. cit.*（注（1）), English version, p. 43）、エルネスト・ランディ（'The Political Philosophy of Machiavelli', trans. Maurice Cranston, *History Today*, 14 (1964), pp. 550–55）はこの立場に非常に近いように思われる。

（94）　Benedetto Croce, 'Per un detto del Machiavelli', *La critica*, 28 (1930), pp. 310–12.

（95）　Hans Baron, 'Machiavelli: the Republican Citizen and the Author of "The Prince"', *English Historical Review*, 76 (1961), pp. 217–53, *passim*.

（96）　Ser Lapo Mazzei, *Lettere di un notaro a un mercante del secolo XIV*, ed. Cesare Guasti, 2 vols. (Florence, 1880).

（97）　Giovanni di Pagolo Morelli, *Ricordi*, ed. Vittore Branca (Florence, 1956).

（98）　Ritter, *op. cit.*（注（19）), 1947 edition, p. 45.

（99）　*Discourses*, I, 26. Luke I p. 53.（誤って）引用。

（100）　*Ibid*.

（101）　*Ibid*., I, 27.

(102) フリードリヒがこの点でどれだけ多くをその師ヴォルテールに負っているかは未だ明らかではない。

(103) *Legazioni all'Imperatore*, quoted by L. Burd, *op. cit.*(注(19)), p. 298, note 17.

(104) *Discourses*, II, 2. ここにはフランチェスコ・パトリッツィの『王国と王政』の中の「王者の徳と私人の徳とは異なる」という言葉(これは Felix Gilbert, 'The Humanist Concept of the Prince and *The Prince* of Machiavelli', *Journal of Modern History*, 11 (1939), p. 464, note 34 に引用されている)の反響がみられる。

(105) ヒュー・トレヴァ＝ローパーは、この大リアリストの称讃する英雄たちが、全て全くあるいは一部分神秘的人物であるという皮肉な事実に対して注意を喚起した。

(106) この点はジャック・マリタンの認めている点で、マキアヴェッリは「決して悪を善と呼んだり、善を悪と呼んだりしなかった」ことを認めている(*Moral Philosophy*, London, 1964, p. 199)。権力政治(*Machtpolitik*)はあるがままの形で、したがって大部隊を具えた側であることとして示される。神が自らの側にあることは主張せず、フランス人のおかげで神の偉業が達成される(*Dei gesta per Francos*)とは考えない。

(107) 私は読者の堪忍袋の緒が切れる危険を犯しつつも、なおこの対立が異教の統治術とキリスト教道徳との対立ではなく、異教の道徳(社会生活と分ち難く結びつき、社会生活なしには考えられない)とキリスト教倫理(その政治に対する意味はどうあろうとも、政治から独立に叙述できる——アリストテレスやヘーゲルの倫理はそうではなかったが)の対立であることを繰り返さざるを得ない。

(108)『カラマーゾフの兄弟』第五篇第五章「大審問官」。

(109) Figgis, *op. cit.*(注(63)), p. 76.

(110) Sheldon S. Wolin, *Politics and Vision* (London, 1960), pp. 220–24.〔尾形典男・福田歓一他訳『西欧政治思想史』新装版、二五二―二五六頁、福村出版、一九九四年〕

(111) Georg Wilhelm Friedrich Hegel, *Sämtliche Werke*, ed. Hermann Glockner (Stuttgart, 1927–51), vol. 7, p. 448.〔上妻精・佐藤康邦・山田忠彰訳『法の哲学』下巻、三六一頁、岩波文庫、二〇二一年〕

(112) 彼の最善の喜劇作品『マンドラゴラ』の道徳は、政治論文のそれに近いように見える。登場人物の表明する倫理的教説は彼らが実現しようとするさまざまな目的に応じて全く異なっている。そして事実各人は結局自らの望むところを実現する。もし〔主人公〕カリマコが誘惑に抵抗していたならば、もし彼の誘惑する婦人が良心の呵責を感じたならば、あるいはもし修道僧ティモテオが教父たちや学者の教える格率――彼は自らの談論をそれで自由に味つけしている――を実行しようと試みたならば、こうしたことは起らなかったであろう。しかし全ては極めてうまく運んだが、うまくというのは一般に受容されている道徳の観点からではない。この作品が偽善と愚鈍とを酷評しているとしても、その立脚点は徳にあるのでなく率直な快楽主義にある。カリマコを私的生活における一種の君主、すなわち策略や詐術を巧妙に用い、有徳《ヴィルトゥ》ぶりを発揮し、運命に大胆な挑戦をして自らの世界を構築し、維持するのに成功した君主、と考えるのは説得力がある。この点については、Henry Paolucci, Introduction to Niccolò Machivavelli, *Mandragola*, trans. Anne and Henry Paolucci (New York, 1957)を参照せよ。

(113) *Summa Theologica*, Ia-IIae q. 96 a. 6.[他の古い使用例については七六頁前半を参照。私の知る限り、この考えの最初の登場は、紀元前一世紀のプブリリウス・シルスの格言の一つ、「必要は法を与える。何ものも認めずとも(*Necessitas dat legem non ipsa accipit*)」に同様の発想が見られる。*Sententiae*, 444 in *Minor Latin Poets*, ed. and trans. J. Wight Duff and Arnold M. Duff (London/Cambridge, Mass., 1934), p. 72.]

(114) [consulte e pratiche はフィレンツェ政府を構成する諮問助言機関であった]

(115) 例えば先に引用した〔四一頁の〕『論考』の一節や、「人間のなしうる最善のこと、神を最も喜ばしめるのは自らの生まれた祖国のために尽すことであると私は信ずる」(この一節 *A Discourse on Remodelling the Government of Florence* (Gilbert, *op. cit.*(注(46)), vol. 1, pp. 113–14)の言及についてはメイロン・ギルモアに感謝しなければならない)がそれである。こうした考えはマキアヴェッリの作品の中で決して珍しいものではない。ここで彼のレオ一〇世に対する追従や自らの時代の決まり文句に弱いという全て文筆家の傾向を別にして考えた場合、マキアヴェッリの考えは次のようであったと想定してよいであろうか。つまりマケドニアのフィリッポスがマキアヴェッリにさえ良心の呵責を起させたような形で人々を移住させた(それは先にも見たように不可避であった)時、フィリッポスのしたことは、もしそれがマケドニアの利益になるならば神にとって喜ばしいことであったと考え、逆にジョヴァンパオロ・バリオーニが教皇と教皇庁の面々を殺すのに失敗したのは神を不快にしたと考えたとしてよいであろうか。少なくともそうした神観念が新約聖書のそれと非常に違っているとはいえる。それでは祖国(*patria*)の必要は自動的に神の意志と同一であろうか。この点に疑問をさしはさむ者は異端の危険があるであろうか。マキアヴェッリは時々極端なマキアヴェッリと見なされて来たかもしれないが、彼が神の要求とカエサルのそれとが完全に一致すると考えていたと仮定するのは、彼の中心的テーゼを論理的自己矛盾に追い込むものである。しかしだからと言って彼がキリスト教的考えを全く持っていなかったことが証明されたわけではなく、彼の晩年に執筆された(もしそれが真作であって偽作でない限り)『悔悛の勧め』は、リドルフィとアルデリジオが考えているように、全く彼の真意を示したものであるかもしれない。またカッポーニは、マキアヴェッリの「思想では宗教は完全に消滅している」わけではないが、「彼の心から宗教は駆逐された」と言っているが(Gino Capponi, *Storia della repubblica di Firenze* (Florence, 1888), vol. 3, p. 191.)、ここには誇張があるかもしれない。しかし肝要なのは、われわれが問題にしている彼の政治著作の中ではこうした魂の状態の痕跡がほとんど見られないという点である。この点についてプレッツォリーニは先に挙げた論文(注(70)参照)の中で興味深い議論を展開し、こうした態度の源をアウグスティヌスまで辿り、暗黙裡にクローチェのテーゼを否定している。

(116)　ヴァニーニについては Prezzolini, *op. cit.*, English version, pp. 222–23. ライプニッツにつ

いては *ibid.*, p. 335.

(117) *Quaderni della* 'Critica', 5 No. 14 (July 1949), pp. 1–9.

自然科学と人文学の分裂

佐々木毅訳

一

ここでの私のテーマは自然科学と人文学との関係、なかんずく両者の間の緊張の昂まりを扱うことにある。より具体的には、ある期間にわたって秘かに用意されて来た両者の大分裂――私にとってそう思われるところの――が、それを見る眼を持つ全ての人々にとって明々白々になった時点について論ずることである。それは「二つの文化」の分離ではなかった。人類の歴史にはこれまで多くの文化が存在して来たが、それらの間の多様性は自然科学と人文学との間の相違とはほとんど共通点を持たないか、全く持っていないのである。私はこれまでこの人間の二つの研究活動領域を二つの文化と規定することがいかなる意味を持つかを捉えようと試みて来たが、それを捉えることは全くできなかった。しかしその中で明らかになったのは、この二つの領域がある程度異なった問題点を扱っていたように思われること、そしてそれまで二つの領域で仕事をしてきた人々がその作業の中で相互に異なった目標と方法とを追求していたことである。この事実は善かれ悪しかれ、一八世紀に明るみに出た。

そこでまず出発点として、今日なお多くの卓越した科学者たちが立脚している一つの伝統を取り上げることにしよう。その伝統を信ずる人々によれば、人間の知識はその全領域で不断に進歩することができ、方法や目的はこの全領域で究極的に同一であり、あるいはあるべきであり、この進歩への歩みはしばしば——恐らくしばしばというよりはもっと頻繁に——無知や幻想、偏見、迷信、その他さまざまの反理性的態度によって妨げられてきた。しかし、われわれの時代になって自然科学の偉業の結果、自然の構造を単一の体系にまでまとめ上げられた明確な原理または法則から導き出すことが可能となり、この原理や法則を正しく適用すれば自然の神秘の仮面を剝ぐことにより無限に進歩することが可能であるというのである。

こうした問題への接近方法は、少なくともプラトンにまで遡るヨーロッパ思想の中核的伝統と軌を一にしている。それは少なくとも三つの仮定を根拠にしているように私には思われる。(a)全ての真の問いには一つの、一つだけの真の答があり、他の全ての答は誤りである。もしそうでなければ問いは問いの名に値せず、どこかに混乱がある。この立場は近代の経験主義の哲学者によって明確化されたが、実は彼らが長い間妥協を排して戦って来た当の相手である神学、形而上学の先駆者たちも彼らに劣らずこの立場を確固として受け継いでいたのであった。(b)全ての真の問いに対する正しい回答を可能にする方法は合理的性格を持ち、あらゆる領域において本質的に――その具体的適用においてでなく――同一である。(c)こうした回答は、それが発見されているか否かにかかわらず、普遍的妥当性を持つ、永遠不変の真理である。つまりあらゆる時代、あらゆる場所、あらゆる人間にとって真理である。古い自然法の定義に言われているように、「いかなる時にも、いかなる所にても、すべてのひとびとに(*quod sempter, quod ubique, quod ab omnibus*)」妥当するものなのである。(1)

もちろんこの伝統の中にも、その答をどこに求めるべきかをめぐって意見の違いがある。ある人々は訓練を受けた専門家のみがそれを発見できるとした。例えば、プラトンの弁証法やアリストテレスのより経験的なタイプの研究といった方法、あるいはソフィストのさまざまの学派や、ソクラテスに発する思想家たちのさまざまな学派の唱える方法に習熟した専門家がそれである。他の人々はこうした真理に接近可能なのはむしろ純真で無垢の魂を持った人々、すなわち、理解力を精緻な哲学的議論や洗練された文明や人間に破壊的影響を持つ社会制度などによって堕落させられていない人々であると主張した。こうした見解は例えばルソーやトルストイによってその時々に唱えられている。これに対して一七世紀には、唯一の、真の道は理性的洞察(その完全な例は数学的推理である)に基づく体系という方向であり、これによってア・プリオリな真理が可能であるということを信じる人々がいた。他の人々は一定の観察や実験によって証明ないし反証されるような仮説に信をおいた。そしてある人々は科学に万全の信頼をおくことなく、彼らにとって平明なコモン・センス――良識《ボン・サンス》――を注意深い観察、実験、科学的方法などで補強しつつ、依然としてそれに依存するのを好んだ。このように人々は真理へのさまざまな道をとったのである。こうした考えに立つ思想家全てに共通しているのは、あるのは一つの真の方法かさまざまな方法の一つの組み合わせしかないという信念であって、それによって回答を得られない問題はそもそも回答不可能であるという考えである。この立場には、世界は単一の体系であって、合理的方法を用いることによって叙述、説明できるという考えが潜んでいる。したがってここから次のような実践的帰結が出てくる。すなわち、もし人間の生活が組織化されるべきであって、混乱、無秩序な自然や偶然の戯れに委ねられるべきでないならば、人間の生活はそうした原理、法に従ってのみ組織できるという帰結である。

こうした見解が非常に強く支持され、大きな影響力を持ったのが、自然科学が偉大な勝利――それは確かに人間精神のなしとげた、一つの秀《すぐ》れた業績である(最も秀れた業績ではないにしても)――を博した時期であったことは不思議ではない。したがって一七世紀の西ヨーロッパにおいて特にそうであった。デカルト、ベーコン、ガリレオやニュートンの信奉者、ヴォルテール、百科全書派からサン・シモン、コント、バックル、今世紀のH・G・ウェルズ、バーナル、スキナー、ウィーン派の実証主義者に至るまで、全科学(自然科学と人文学)を一つの体系の下に統一するという理想は近代啓蒙のプログラムであった。そしてそれはわれわれの世界を社会的、法的、技術的に組織する上で決定的役割を果している。その結果、こうした考えに与《くみ》しない人々の側からの反撃が早晩出てくるのは恐らく必至であった。後者によれば、理性と科学の構成物、全てを包摂する体系的構成物はそれが事物の本質を説明すると主張しようとも、更にそれから進んで自らの観点から何を為すべきか、いかにあるべきか、何を信ずべきかを指示すると主張しようとも、ある意味で限界を持っている。つまりこうした考えは彼ら自身の世界像の展開にとって障害であり、その想像力、感性、意志を鎖でしばりつけ、精神的ないし政治的自由の妨げとなっているというのである。

こうした現象が起ったのは歴史上これが初めてではない。ヘレニズム期においてアテナイの哲学諸学派が支配的であったが、そこでは人間の魂の中の非理性的要素にはけ口を与える神秘的祭儀やその他さまざまな形の神秘主義、主情主義がそれと並んで目立って増加した。またキリスト教がその巨大な叛旗を翻したのは、ユダヤやローマのような巨大な組織化された法制度に対してであった。そして中世では学問の正統派と教会の権威とに対して、道徳律廃棄論者が反抗した。カタリ派から再洗礼派に至るこの種の運動はその具体例である。宗教改革の前後には強力な神秘主義的、非合理主義的潮流の昂揚が見られた。私はその後のこの種の反動現象――ドイツの疾風怒濤《シュトルム・ウント・ドランク》、一九世紀初頭のロマン主義、カーライルとキェルケゴール、ニーチェ、その他左翼右翼にわたる近代非合理主義の広汎な諸流派にみられる――についてこれ以上長々と論ずるつもりはない。

しかし私がここで扱おうとしているのはこうした現象ではなく、形而上学的――ア・プリオリ――な形においてであれ、経験的‐蓋然主義的な形においてであれ、人間の知識の全領域を支配せんとする新しい科学的方法の全面的自己主張に対して加えられた批判的攻撃である。この攻撃は心理的または社会的原因を持っている(そして私の考えによれば、その原因の一部は少なくとも、全てを征服しつつある自然科学の進歩に対して人文主義者、特に彼らの中の内面志向的、反物質主義的キリスト者の側から加えられた反撃にある)が、それ自身合理的議論に根拠を持ち、その当然の結果として自然科学と人文学――Naturwissenschaft と Geisteswissenschaft――との大分裂を生み出した。そしてこの分裂の妥当性に対してはその後も異議が唱えられ、今日に至るまで一つの中心的争点、激しい議論の争点であり続けている。

全ての人が知っているように、一七世紀における自然科学の大変な成功は科学的方法の擁護者たちに非常な権威を与えた。当時の偉大な解放者であったデカルトとベーコンはルネサンス期やむしろそれ以前に用いられた武器で身を固めて、伝統、信仰、独断、慣習などの権威に対する反抗を、知識と臆見の全領域に拡げていった。そこではキリスト教信仰に公然と挑戦するようなことは避けるよう十分な注意が払われたが、新しい運動は一般にあらゆるものを理性の法廷の前に引き出す力を持っていた。法学者や聖職者のそれまでの自己主張の根拠となっていたものが粗雑な偽造文書であったり、誤った文献解釈であったりしたことは、それまで既にイタリアの人文主義者やフランスの新教徒の手によって暴露されていた。聖書やアリストテレス、ローマ法の権威に訴えることも、学識と批判的方法とに基礎をおく多くの鋭い議論の抵抗に遭遇していた。デカルトはこれらの方法を最も著名で影響力の大きかった二つの哲学論文——特に『方法叙説』とその適用である『省察』——の中で体系化しようと試み、それによって一時期を画した。スピノザの『知性改善論』、『倫理学』における半幾何学的方法、彼の政治学の著作や旧約聖書の批判に見られる厳密な合理主義的仮説や厳格な論理などは敵の陣営深く戦いを持ち込んだ。ベーコンとスピノザはそれぞれの仕方で、明快で合理的な思惟の障害物を除去しようと努力した。ベーコンは彼の考える人間の迷妄の主要な源泉として四つのイドラ、すなわち、「種族のイドラ」「洞窟のイドラ」「市場のイドラ」「劇場のイドラ」を明るみに出した。(2) 彼の見解によれば迷妄は、感覚の証言の無批判的受容、自らの先入見、言葉の誤解、哲学者の思弁的幻想から生ずる混乱などの結果として生ずる。スピノザは感情がいかに理性を曇らせ、破滅的な行為を招く根拠のない恐怖や憎悪を生み出すか、という点を強調した。そしてヴァッラからロック、バークレイに至るまで、言葉の誤用がいかに多くの誤りと混乱とを生み出すかについて警告や実例が繰り返し述べられた。

新しい哲学には普遍的な傾向ではないにしろ、一般に次のように宣言する傾向があった。すなわち、もし人間の心がドグマや偏見や決まり文句、学者先生の不明確な世界やアリストテレス的隠語などから自由になるならば、自然の各要素はついには十全の対称と調和を持っていることが明らかになり、それにふさわしい論理的な言葉——数学や自然科学の言葉——で叙述し、分析し、示すことが可能である、と。ライプニッツは、実体の構造を反映する論理的に完全な言葉を作ることができると信じていただけでなく、実体の構造を発見するための一般科学といったようなものの存在を信じていた。こうした彼の見解は哲学者や科学者のサークルの範囲を超えて広がった。実際、理論的知識は依然一つの不可分の領域をなしていると考えられており、哲学、科学、批判、神学との間には明確な境界線は引かれていなかった。ここでは侵入と反撃の侵入が行なわれ、文法、修辞学、法学、哲学は歴史的学問の領域に入れられたかと思うと今度は自然的知識のそれに入れられ、そのたびに交互に批判が加えられた。新しい合理主義は芸術的創造の領域にも浸透した。イングランドの王立協会は比喩やその他の修辞的言葉遣いの形式を用いることに公式に反対し、明白で文字通りの内容を示す厳密な言葉を要求した。それと同じようなことは当時のフランスでも見られ、例えばラシーヌやモリエールの戯曲やラ・フォンテーヌ、ボワローの詩など、ヨーロッパの表舞台を支配した著作家の作品では、比喩や装飾をこらした文章、高度に技巧をこらした表現は除去されている。そしてこうした華麗な文体はイタリアで行なわれていたため、イタリア文学はその文体が不純であるとの理由で当然非難されることになった。新しい方法は合理的方法の体系的使用によって正当化されない一切のもの、特に形而上学者や神秘家、詩人の作り話を除去しようとした。神話や伝統とは、原始的で野蛮な社会がその初期の、無力な幼年期にだまされた虚偽の物語以外の何であろうか。せいぜいのところ、現実にあった事件や人物を想像にまかせて、あるいは歪めて叙述したものである。そしてカトリック教会さえもこの支配的な科学的気質によって影響され、ボランディストやサン・モール会士〔前者はイエズス会系、後者はベネディクト会系修道院の学識者集団〕の偉大な古文書関係の作業も

半ば科学的精神の下に行なわれたのである。(3)

新しい科学的運動は実証主義的とでも呼びうる性格を持っていたが、その最初の犠牲になったものの一つが歴史であったのは当然であった。歴史的真実を語ることに対する懐疑の念は新しいものではなく、プルタルコスはヘロドトスに無知と幻想、悪意ある捏造が見られるとしている。こうした物語風歴史に対しては、憶測よりも確実性に好意を寄せる人々によって時をおいて告発がされてきた。特に一六世紀には、さまざまの党派が宗教戦争の中で歴史を動員した結果、懐疑主義と疑義が発生した。コルネリウス・アグリッパは一五三一年に歴史家の不注意と自己撞着について詳論し、利用可能な証拠がない場合に彼らがその無知を覆いかくし、知識のすき間を埋めるために恥知らずな捏造を行なっていることをつまびらかにした。さらに彼は話に登場する主役の性格を理想化するのがいかに馬鹿げているかを指摘し、歴史家が情念――願望、憎悪、恐怖、パトロンを喜ばせたいという欲求、愛国的動機、国民的誇り――のために事実をいかに歪めるかを述べ、その例として、プルタルコスがローマ人と比較してギリシャ人を讃え、そしてアグリッパの同時代の論争好きの著述家がフランク族に対してゴール人の徳を讃え、あるいはその逆を行なっていることを挙げている。このような状態ではいかにして真理は顕現できるであろうか。その世紀の変わり目には、パトリッツィは同じように、全ての歴史は究極のところ目撃者に基づくと宣言し、その場に居合わせた人間は事件にまき込まれている可能性が高く、したがって党派性に傾くと論じた。かくして中立的で事件に関わりを持たないがゆえに客観的たりうる人間は、党派的人間が油断なく隠し持っている証言を自ら直接目にすることができず、利害関係を持つ党派の片寄った説明に依存せざるを得ない。

こうしたピュロン主義は世紀と共に成長し、若干の例を挙げるならばモンテーニュ、シャロン、ラ・モット・ル・ヴァイエ、そして世紀の終りのピエール・ベールにそのより徹底した形態がみられる。歴史が徳の学校と見なされ、その目的が善き行為を称讃し悪事を暴露し、あらゆる時代、あらゆる場所における人間性の不変の性格を示し、具体的例を用いて人々に道徳的哲学と政治哲学を平易に教え込むことにあるとされる限り、それが正確であるか否かはあまり問題ではないであろう。しかし真理そのものに対する意欲が自らを主張し、あるいは科学を進歩させようという、何かそれまでになかった意欲——知識を蓄え、先人よりも多くを知り、このことを知っていたいという意欲——が生ずると、人々は次のことに気がつく。それを達成できるのは唯一つ、その領域の著名な実践家が物理学や数学、天文学やその他全ての新しい科学に見られたのと（そして今も見られるのと）同じ原理、方法の妥当性を承認し、またそれと同じように相互にその結論を検証し合う場合であるというのである。この新しい見解によれば、歴史を知識の一領域であるとする主張は根拠の不確かなものに思われてくる。

最も恐るべき攻撃を多く行なったのはデカルトであった。彼の見解は広く知られているが、それによれば真の科学は公理的前提に基づき、合理的ルールを用いることによって、反駁不可能な結論がそこから導き出される。これは幾何学、代数学、物理学で行なわれる手続きに他ならない。歴史の作品のどこに公理、変形のルール、不可避的結論があるのか。真の知識の進歩とは永遠、不変、普遍の真理の発見であり、真理を追い求める人々の各世代は前の世代の肩にのり、前の世代がやめたところから始め、人類の知識全体を成長させる。こうしたことは明らかに歴史叙述の場合にはあてはまらないし、実際に人文学一般の領域にも妥当しない。この領域のどこに単一の、常に蓄積されつつある学問の建造物が見られるであろうか。今日の学校の生徒はピュタゴラスよりも幾何学について多くを知っている。しかし今日の最も権威ある古代史家は、古代ローマについてキケロの侍女が古代ローマについて知っていないことを何か知っているであろうか(4)。彼女の知っていることに彼らは何かを付け加えたであろうか。それではこうした学問的労苦は何の役に立つであろうか。こうした過去への没入——人々はこうした形でその余暇を使うのがいかに快いかを見出すかもしれない——を妨げるつもりはデカルトにはなかったし、彼の言葉によればそれはスイス語や低ブルターニュ語などの風変わりな方言を学ぶのと同じようなものであった。しかしそれは知識の増大を真剣に考える人々の生業とすべきものではなかった。マルブランシュは歴史をゴシップだとして片付けたが、これは他のデカルト主義者によっても繰り返されている。自ら相当大部の史書を執筆したライプニッツさえも、家門や国家の起源についての人々の好奇心を満足させる手段、道徳の一つの学校という、通俗的な歴史弁護論を展開している。数学や、数学に基づく哲学、自然科学、その他の純粋理性の発見物に対して歴史が劣っていることは、全て物を考える人々にとっては自明であったに違いない。

もちろんこうした態度は歴史研究を殺しはしなかった。歴史学の方法は一五世紀中葉以来、特に古代の文献を用いることによって長足の進歩をとげた。遺跡、法学文献、草稿類、貨幣、メダル、芸術品、文学、建物、碑文、民衆の歌、伝説が当てにならない物語風歴史に対する補助手段として、時々その代用物としてさえも用いることができるようになった。一六世紀の偉大な法学者であるビュデ、アルキアーティ、キュジャス、デュムラン、オトマン、ボウドゥアン、その弟子たち、次の世紀のイングランドのコークとマシュー・ヘイル、オランダのヴランク、イタリアのデ・グレゴリオ、スウェーデンのシュパラーなどは、ローマおよび中世の法学文献を復元するという大きな事業を行なった。フランスの普遍主義を唱える歴史家のグループ——パスキエ、ル・ロワ、ル・キャロン、ヴィニィエ、ラ・ポペリニェール、そして大学者ボダン——は少なくとも文化史という概念を作り出した。(5) そしてこれは一七世紀にアベ・ド・サン＝レアル、デュフレノワ、シャルル・ソレル、ガブリエル・ダニエル神父、そして言うまでもなくブーランヴィリエとフェヌロンといった文筆家によって継承された。これら初期の文化史の輪郭、特に違った社会、時代、文化の間の類似性よりも差異に対する意識の増大は新しい展開であり、それは赴くところ歴史観を変革することになった。それにもかかわらず、文化史の擁護者たちは無用な学識を批判する傾向を強く持ち、これらの作業を行なう具体的方法を示したり、実際にそれを行なうよりも、歴史家は何をすべきかというプログラムを提示した。それらの多くは具体的な歴史叙述であるよりもメタ歴史、または歴史の理論であった。その上その世紀を支配した科学のモデル(「パラダイム」)には数学化できるもの、あるいは何らかの形で測定できるもの——原則として数学的方法が適用可能なもの——だけが現実的であるという見方が強く染み込んでいた。こうしたモデルは、個々の問題には一つだけ真の、普遍的、永遠の、不変の回答があるという古い信念を大きく強化する方向に作用する。数学においても、物理学においても、力学や天文学においても事態はそうであったし、そのように見え、また化学、生物学、動物学やその他の自然科学においてもやがてそうであるであろう。その結果、客観的真理の最も当てになる基準は論理的証明、あるいは測定、あるいは少なくともそれに近いものである、と結論されるに至った。

スピノザの政治理論はこうした研究方向の良い例である。彼は人間にとってどのような政府が最も良いかという問題に対しては、誰であれ、どこにおいてであれ、いかなる状況においてであれ、合理的回答を見出すことが原則的に可能であると仮定する。もし人間がこれまでこの超時間的回答を発見していないのならば、それは人間の弱さ、あるいは理性が感情によって曇らされていたこと、あるいは恐らくは不運に原因があるに違いない。スピノザ自身はこの真理に合理的証明を与えようと思っていたが、この真理は、いつでも人間の理性を用いることによって発見可能なものであったのであって、それによって人間は多くの災難を免れることができるかもしれないのである。経験主義者であり、同じように科学的モデルによって捉えられていたホッブズもこうした仮定をしている。こうした見解にとって時間、変化、歴史的発展といった概念は何ら影響を与えることはない。その上そうした真理はいったん発見されると、人間の幸福を増すはずである。したがって研究を動機づけているのは好奇心や真理を知ろうとする欲求であるよりも、むしろ功利主義的なもの——人間をもっと合理的、したがって賢く、正しく、有徳で、幸福ならしめることによって、地上の生活をより良いものにするという――である。人間の目的は与えられている。それは神または自然によって与えられている。拘束から自由になった理性はそれが何であるかを発見するであろう。必要なことはそれに至る正しい方法を見つけることに尽きるであろう。

これがフランシス・ベーコンからH・G・ウェルズ、ジュリアン・ハックスレィ、それに社会学と心理学の科学的理論に基づいて道徳的、政治的合意が可能だと信ずる当今の多くの人々の理想である。こうした運動全体の中で最も著名な人物、その最も天才的な宣伝者こそヴォルテールであり、彼は科学そのものにおいてでなく、それを人間の生活に適用した点で有名であった。それに対する最初の、最も強力な敵対者はナポリの哲学者ジャンバッティスタ・ヴィーコであった。これら二人の見解を対比することは、重大な岐路を生み出すに至った態度がいかに互いに甚だしく異なっていたかを明らかにするのに一助となるであろう。

二

ヴォルテールは啓蒙の中心的人物である。彼はその基本的原理を受け容れ、その比類なき機知、精力、文才、才気に満ちた悪意を全て動員してこれらの原理を宣伝し、敵の陣営に対する破壊活動を広めた。嘲笑は荒々しい怒りよりも確実に敵を殺す。そしてヴォルテールはかつて存在したいかなる文筆家よりも文明の価値の勝利のために貢献したのである。ところでこれらの原理とは何であったろうか。私はここでもう一度その定式を繰り返してみよう。あらゆる人間の活動領域——道徳、政治、社会、経済、科学、芸術——に全て妥当する、永遠の、超時間的真理が存在しており、それを認識するには唯一つの道があり、理性がそれである。ヴォルテールはこの理性を論理学や数学の演繹的方法——それはあまりにも抽象的で日々の生活の事実や必要とあまりにも無関係である——と解釈せず、絶対的確実性には至らないかもしれないが、人間の世界の事柄——公私の生活——について十分な程度の真実らしさあるいは蓋然的真理を与えてくれる良識《ボン・サンス》、良きセンスと解釈した。この卓越した能力を十分具《そな》えている人間は多くはいない。大衆はどうしようもないほど愚かであるように見える。しかしそれを持っている少数の人間は人類の美《う》わしい時期を担ってきた。過去において価値があるのは全てこの美わしい時期であり、そこからのみわれわれはどうすれば人間を善良に、すなわち、正気、理性、寛容の持主であるように、あるいは少なくともより野卑、愚鈍、残酷でないようにすることができるかを学ぶことができる。また正義、美、自由、幸福を促進し、野蛮、狂熱、抑圧など人類史の大部分を支配しているこれらのものを減少させるには、どのように法や政府を作るべきかをそこから学ぶことができる。

したがって近代の歴史家の仕事は明瞭である。すなわち、これら高度の文化を構成する諸要素を叙述し、称讃し、それらをその周辺の暗さ——信仰、狂熱、愚かで残酷な行為——と対照することがそれである。この作業をするためには、歴史家は古代人以上に「習慣、法、態度、商業、財政、農業、人口」(6)にもっと注意を向けなければならない。そして交易、産業、植民、趣味の発達に対しても同じである。これらの説明は戦争、条約、政治機構、征服者、王朝の系譜、公的事件などこれまで歴史家が過大な意義を付与してきた事柄の説明よりも遥かに重要である。ヴォルテールがわれわれに語るところによれば、マダム・ドゥ・シャトレは彼に「私のようなフランスの女にとって[……]、スウェーデンでエジルがハキン王を継承したとか、オットマンはオルトゥガルの子であるとかといったことを知るのはどんな意味があるであろうか」と述べたと言われる。(7)彼女は全く正しかった。したがってヴォルテールが表向きこの女性を啓蒙するために書いた作品(有名な『習俗論』)は、「記憶するに値しないような君主が何年にある粗野な民族の野蛮なもう一人の君主の後をついだといったようなことを知る」(8)のを目的としていない。「私が望むのは今一度災害や不幸、人間の悪意と堕落の実例を語るよりも、どのようにして人間社会が成立し、どのようにして家族生活が営まれ、いかなる技術が開発されたかを示すことである。[9]」彼の意図は「最も啓蒙されていた時代の人間精神[10]」の業績を順を追って話すことにある。それというのも後世にとって価値あるもののみが言及に値するからである。

歴史とは少数のオアシスしかない、乾ききった砂漠のようなものである。人間が十分な水準まで自らを高め、誇りうるに足る文明を創造したのは西洋でわずか四つの時期しかない。すなわち、アレクサンドロスの時代――ヴォルテールはこの中にアテナイの古典時代を含める――、アウグストゥスの時代――ここには共和政ローマとローマ帝国の良き時代が含まれる――、ルネサンス期のフィレンツェ、ルイ一四世下のフランス、がそれである。ヴォルテールは一貫して、これらは啓発された少数者が大衆に押しつけた、いわばエリート主導の文明であると考えている。それというのも大衆は理性と勇気を欠き、他人によって楽しまされ、欺かれることのみを欲し、したがって自然に宗教――ヴォルテールにとっては嫌悪すべき迷信――の餌食となるからである。「国民のレベルを上げるも下げるも[……]それは政府のみのなしうるところである。[11]」

もちろんここでは、これら四つの大文化の追求した目的が究極的に同じであったと仮定され、真理と光はどこでも同一であり、多様な形を持つのは誤りだけであると考えられている。その上ヨーロッパと近東地方に探究の範囲を限定するのは馬鹿げている。近東地方は残酷、狂熱、ユダヤ教やキリスト教といった無意味な宗教――ボシュエがいかに宣伝しようとしても、これらは真理、進歩、寛容の敵であったし、今でもそうあり続けている――以外、ほとんど何も生み出していない。開明的文人の支配する巨大で、平和な中華帝国やインド、カルディアなど、キリスト教ヨーロッパが愚かな虚栄心に駆られて歴史の範囲から排除した世界の他の部分を無視するのは馬鹿げている。歴史の目的は無益な好奇心を満足させることにあるのでなく有益な真理を伝えることにあり、それは人類の業績の谷間でなく頂点を研究することによってのみ達成できる。歴史家はヘロドトス――彼は老婆が子供に物語を語るように書いている――のように話をばらまくのでなく、一人の人間の行為ではなく非常に開明された時代における人間精神の進歩を後世の人々のために描き出すことによって、それとわからないような形でわれわれに義務を教えるべきである。「もしある野蛮人がオクスヌまたはイクサテスの土手で他の野蛮人を継承したということ以上に言うべきことがないならば、あなたは国家にとってどんな役に立っているのか。」[12]何故「クアンクムがキンクムを継ぎ、キクムはクアンクムを継いだ」[13]という事実に関心を持つべきであるのか。われわれはルイ肥満王、ルイ頑固王、あるいは野卑なシェークスピア、退屈なミルトンの生涯さえ知りたいとは思わないが[14]、しかしガリレオ、ニュートン、タッソー、アディソンの業績は知りたいと思う。一体誰がシャルマネセルやマルドケンパドについて知りたいと思うであろうか(15)。歴史家は人間がいかに低いところまで没落できるものであるかを示すためでなければ、宗教戦争やその他人類を堕落させる愚行を述べ立てて、読者の心を乱すべきではない。スペインのフェリペ二世、デンマークのクリスティアンは、人々に専制政治の危険を警告する話の中で注意深く言及される。そしてもし、ヴォルテール自身のように、スウェーデンのカール一二世について生き生きとした、面白い伝記を書く人があるならば、その目的は唯一つ、人々に向う見ずな冒険に満ちた生活がいかに危険であるかを示すことにある。知るに値するのは、何故皇帝カールがフランスのフランソワ一世を捕えることによってより多くの利益を得なかったのか、イングランドのエリザベスやフランスのアンリ四世、ルイ一四世にとって健全財政はどのような価値を持っていたか、コルベールの統制《ディリジスト》政策はシュリィのそれと比較してどのような重要性を持っていたか、等である。恐ろしい事件もまた、われわれが聖バルテルミィの夜やクロムウェルの再現を防ぐべきである以上、詳細に述べられる必要がある。

ヴォルテールが再三述べるところによれば、歴史家の任務は技術や学問が繁栄し、自然が人間の必要、安楽、快楽の用に供された時代――こうした時代は残念ながらまれであったが――の業績を数え上げることである。マイネッケが正当にも述べたようにヴォルテールは「啓蒙の元締め」であり、その業績の保管者であった。彼は暗黒に対する光明の戦い、野蛮と宗教に対する理性と文明の戦い、エルサレムと教皇のローマに対するアテナイと有徳なカエサルに代表されるローマの戦い、ナジアンゾスのグレゴリオスに対する使徒ユリアヌスの戦い、の一種の点数記録係であった。しかし過去に実際に起ったことをどのようにして語ることができるであろうか。ピエール・ベールはその前に個々の事実の報告がどの程度頼りになるかについて深刻な疑問を投げかけ、歴史の証言がいかに頼りなく、矛盾に満ちたものでありうるかを示していたのではなかろうか。かりにそうだとしても、しかしヴォルテールによれば重要なのは個々の事実よりも、ある時代やある文化の一般的性格である。個々の人間の行為はあまり重要でなく、個々人の性格を叙述するのは困難である。マザランが実際どのような性格の持主であったかを語ることさえほとんど不可能であるならば、古代人に関して同じことがどうして可能であろうか。「魂、性格、支配的動機、これらは全て確実に把握することのできない不透明なカオスの類である。数世紀後にこのカオスを解きほぐそうとする人は、それ以上のカオスを作り出すにすぎない。」

それではわれわれはどのようにして過去を発見することができるのか。それは自然の理性——良識《ボン・サンス》によってである。「自然科学、理性、人間の心情の自然〔体質〕に合致しないものは全て誤りである。」したがって野蛮人のたわ言や悪漢の奸計などに心を乱す必要があろうか。記念物は「歴史のウソ」(16)であり、一つの寺院や聖職者の学校、教会の一つの祭礼どれをとっても、何らかの愚かさに源を持っていないものはない。人間の心情はどこでも同一であり、真理を探すには良きセンスで十分である。

良識《ボン・サンス》はヴォルテールにとって非常に役立った。彼が多くの聖職者の宣伝や多くの単純に不合理なもの、術学を伴う不合理なものの信用を失墜させることができたのは良きセンスのおかげであった。しかしまた良きセンスは、バビロニアとアッシリア両帝国がかくも狭小な地域に角をつき合わせて共存するのは不可能であったし、神殿での売春という話は明らかに馬鹿げたものであったし、キュロスとクロエソスは共に虚構の存在であり、テミストクレスが牛の血を飲んで死んだという可能性はないし、-usという語尾はバビロニア語にはないのでベルス、ニヌスはバビロニアの王ではなかったし、(17)クセルクセスはヘレスポント海峡を鞭で打ったのでもなかったことを示す。ノアの洪水は馬鹿げた話である。それというのも山の頂上に発見される貝については放浪者の帽子から落ちたものと思われるからである。他方ヴォルテールは全く何の困難もなしにサテュロス、フォーン、ミノタウロス、ゼウス、テセウス、ヘラクレス、バッカスのインドへの旅を現実のものとして受け容れ、捏造されたインドの古典、『エツールヴェイダム』を本当のものとして喜々として受け容れた。しかし疑いもなくヴォルテールは歴史の本来の関心領域を政治や戦争、偉人の範囲を超えて押し拡げ、「人間の旅行、生活、睡眠、服装、文字」、その社会的、経済的、芸術的活動を「叙述する必要」を主張したのである。ジャック・クールはジャンヌ・ダルクよりも重要である。スウェーデンの国家文庫を目にすることのできたプーフェンドルフが、スウェーデンの自然的資源、その貧困の原因、貧困がゴート族のローマ帝国侵入に際して果した役割について全く何も語っていないとヴォルテールは不満を述べているが、こうした問題は新しい、重要な要請なのであった。ヴォルテールはヨーロッパ中心主義を批判した。また彼自身は自らのプログラムを実現できなかったが(彼の歴史書は驚くほどに読み易いが、その多くは逸話としての性格が強く、まとまりをつくろうとする真の試みは見られない)、自らに続く者たちがより広い領域に関心を向けるよう、社会史、経済史、文化史の必要を略説している。同時に彼は歴史の示す歴史的性格を削減したが、それは彼の関心が道徳、美、社会にあったためである。文筆家《フィロゾーフ》としてのヴォルテールは人間研究家《モラリスト》でもあれば旅行者、連載小説家でもあり、そして比類なき才能を持っていたにもかかわらず全体としてはジャーナリストであった。彼は文化史家——あるいはカタログ編集者——であったにかかわらず、違った時代、違った場所では多様な価値が現われ、その間の関係も変わること、あるいは歴史の発生的側面に気がつかなかった。変化と生成という概念に、彼は多くの場合無縁であった。ヴォルテールによれば、あるのは光明に満ちた時代と暗黒の時代であり、後者の原因は人間の犯罪行為、愚行、災難にあった。この点で彼はルネサンスの先駆者よりもずっと、非歴史的である。彼は歴史を大ざっぱに因果的関連を持った事実の集積と考え、その目的は、自然が人間の心に植えつけた中心的な目的はどのような状況の中で実現可能か、誰が進歩の敵であり、それをどのようにして打破すべきかを示すことにあると考えている。こうしてヴォルテールは誰よりも啓蒙の方向を全体として決定する上で大きな働きをした。ヒュームとギボンもこれと同じ精神に取りつかれている。

われわれが今日考えるような歴史が現われたのは、全ての人間の経験を絶対的、超時間的価値に即して分類するという立場に対して反動が生じてからである。この反動はスイスとイングランドのギリシャ文学とヘブライ文学の批評家、歴史家の間にまず始まり、やがてドイツへ浸透し、ヘルダーをその最も影響力ある使徒とする巨大な知的革命を生み出した。それにもかかわらず後年の歴史叙述にみられるより科学的な区分けは、ヴォルテール、フォントネル、モンテスキュー(彼は一般に言われている見解と違って、人間の採用する手段、方法は風土につれて変わるとしても人間の究極目的は絶対的、超時間的であるとの確信を同じように持っていた）の与えてくれた賜物である。経済史、科学および技術の歴史、歴史社会学、人口学、その他統計、数量的技法に根拠を持つ過去についての知識の諸領域がそれに属する。しかしヴォルテールが自ら先鞭をつけたと考えた文明史は最終的にはドイツ人によって作り出された。そして彼らドイツ人にとってヴォルテールは彼らが擁護しているもの全ての不倶戴天の敵であったのである。

しかしスイス、イングランド、ドイツ人の反啓蒙運動の前に、実は新しい歴史研究についての見方が登場していた。その見方は性格上反ヴォルテール的である。その著者は無名のナポリ人で、ヴォルテールがその名前を聞いたことがないのはほとんど確実である。もし彼がそれを耳にしていたならば、軽蔑を込めてそれを論じたであろう。

三

ジャンバッティスタ・ヴィーコは一六六八年ナポリに生まれ、一七四四年に死ぬまでナポリまたはその近郊で生涯を過した。その長い生涯の間彼はほとんど知られることがなく、まさに孤独な思想家の典型であった。彼は聖職者の教育を受け、若干の期間家庭教師として働いた後、ナポリ大学の修辞学の助教授となった。その後彼は、長年にわたってその乏しい収入を補うため、富者や有力者のために碑文、ラテン語の讃辞、その生涯を称讃する伝記を書き、その晩年ナポリのオーストリア副王の国史編集員に任命され、その労苦が報いられた。

彼は人文主義の文学、古典古代の著作家、特にローマ法に傾倒していた。彼の気質は分析的、科学的でなく、文学的、直観的であった。スペインとオーストリアの支配者の下にあったナポリは新しい科学的運動の先頭に立つことはなかった。実験に従事する科学者はそこで活動していたが、教会と異端審問も活発であった。どちらかと言えば両シシリー王国は後進地域であり、その性格からして豊かな歴史的想像力を持った宗教心厚い人文主義者であったヴィーコは、スコラ学の最後の残滓を除去せんとするこの大きな、物質主義者の運動に好意を寄せることはなかった。しかしその彼も若い頃には新しい思潮の影響下にあった。彼はルクレティウスを読み、人類が原始的な、半ば野獣的な状況から次第に発展してきたというエピキュロス主義的見方は、彼のキリスト教信仰にもかかわらず、生涯変わることがなかった。全能のデカルト主義の運動の影響を受け、彼は当初数学は諸学の女王であると信じていた。一七〇九年四〇歳の時の就任演説――ナポリ大学の教授はそれをもって新しい学年を始めるよう定められていた――で、彼は人文主義の伝統を熱烈に擁護した。人間の心(気質)は彼らが相続した言語――言葉と心像

——によって形づくられると共に、逆に彼らの心は表現の様式を自ら形づくる。明確で、中立的な文体を追求するのは、デカルト的分析方法の干からびた光の下でのみ若者を教育しようとするのと同様、彼らから想像力を奪うことになる。要するにヴィーコはフランスの合理主義者や科学の影響を受けた近代主義者の簡素で控え目な文体に対して、ルネサンスの大人文主義者からうけ継いだ豊かな、伝統的なイタリアの「修辞学」を擁護したのであった。

明らかに彼は二つの対照的な方法について思いをめぐらし続けており、そのことは後に彼の到達した真に驚くべき結論となって現われた。すなわち、たしかに数学はいつも言われてきたように極めて明晰な、普遍妥当性を持つ反駁不可能な命題を生み出す学問であった。しかしこれはプラトンやピュタゴラスの時代以来言われて来たように、数学的言語が現実の基本的な、不変の構造を反映しているからではない。むしろ数学が何物の反映でもないからである。数学は発見物ではなく人間の発明品である。自ら選択した定義と公理とから出発しつつ、数学者は自らまたは他の人々の作ったルールに従い、そこから論理的に帰結する結論に到達することができる。人間の作ったルール、定義、公理は自らがそうするように仕組まれている。数学は一種のゲームであり(ヴィーコは数学をそう呼びはしなかったが)、物指しもルールも人間の作ったもので、そこでの動きとそれらの関係は確かに確実である。しかしそれは何物も描かないという犠牲を払った上で、その創始者たちによって統制された抽象の遊びである。いったんこの体系が、例えば物理学または力学という形で自然界に適用されるならば重要な真理が得られるが、自然が人間によって発明されたものでなくそれ自身の特質を持ち、象徴のように自由に操作できない限り、自然についての結論はより不明瞭となり、自然はもはや全面的に知られうるものではなくなる。数学は現実を支配する法則の体系ではなくルールの体系であり、空間中の事物の運動を一般化し、分析し、予言するのに役立つ。

ここでヴィーコは少なくとも聖アウグスティヌスにまで遡る、古いスコラ学の命題を利用している。それは、人間が十全に知りうるのは自ら作ったものである、という命題である。人間が完全に理解できるのは自らの知的、詩的構成物、芸術品あるいは設計に基づく作品であり、これらは自ら作ったものであるがゆえに彼にとって見通せるものである。そこにあるのは全て人間の知性と想像力とによって作られたものである。実際、ホッブズは政治組織の場合について同じことを主張している。しかし世界――自然――は人間によって作られたものではなく、それを作った神のみがそれを完全に知ることができる。数学が驚嘆に値する業績のように見えるのはそれが全く人間の手になるものであり、人間が可能な限り神的創造に最も近づいた局面を示しているからである。こうした形で芸術を論じ、芸術家は神のように現実の世界と並ぶ想像の世界の製作者であり、それを作った神である芸術家はそれを完全に知っていると語った人物はルネサンス期にもいた。これに対して外的自然の世界については不透明な何かがある。人間はそれを記述し、それが異なった状況や異なった関係の中でどう動くかを語り、自然の物体のようなその構成物の動きについて仮説を立てることはできる。しかし何故に、いかなる理由で、それがそうあるのか、そう動くのかを語ることはできない。それを作った存在である神のみがそれを知っており、人間は自然の舞台で進行することについて、そのあるがままの姿について外面的な見解を持つにすぎない。人間が「内から」知りうるのは、彼自身が作ったものだけであって、それ以外のものは知ることができない。知識の対象物の中で人間の作った要素の比重が大きくなればなるほど、それはますます人間の目によく見通せるものとなるであろう。逆に外的自然の要素が多ければ多いほど、それはますます人間の理解力にとって不透明で、見通せないものになっていくであろう。人間の作ったものと自然のもの、作られたものと与えられたものとの間には架橋不可能な深淵がある。全ての知識の領域は、それがどの程度理解可能であるかという度合に応じて分類可能である。

一〇年後、ヴィーコは革命的な一歩を踏み出した。つまり明らかに人間の創造物である多くのもの——芸術品、政治制度、法制度、ルールが決められている全ての学問——の他に、人間が内側から知りうるもう一つの領域がある。それは人類史であって、それもまた人間によって作られたものである。人類史は外的世界のように、事物と出来事、それらの同時存在と継起(自然的物体としての人間の体のそれを含む)からのみ成るのでなく、人間の活動の歴史、人間が何をなし、考え、苦しみ、何を求め、目標にし、受容し、拒絶し、考え、想像し、その感情が何に向ったかといったことについての歴史である。それゆえそれは動機、目的、希望、恐怖、憎悪、嫉妬、野心、現実についての見解やヴィジョンに関わり、個人と集団の見方、行動の仕方、創造の仕方に関わる。われわれはこれらの活動に観察者としてでなく活動者として関わり合うがゆえに、それを直接知る。それゆえ、外的世界について知るよりもわれわれ自身についてより多く知っているというのは一理あることである。例えばわれわれがローマ法またはローマの制度を研究する時、その目的は何であるか、それに目的があるか否かを全く知らないような自然物について考えているのではない。われわれはこれらローマ人が何を欲するのか、何をしようとしているのか、彼らはどのように生き、考えているのか、他人とのどのような関係を促進しあるいは妨げようとしているのか、について問わなければならない。われわれは自然物にこうしたことを問うことはできない。牛や木、石、分子、細胞が何を欲しているかと問うのは無意味である。それらが目的を追求していると仮定する理由はなく、もし目的を追求しているとしてもそれが何であるかを知ることができない。われわれがそれを自ら作ったのでない以上、それらがどのような目的――それがあるとして――を追求しているか、どのような目的を実現すべく作られたかについて、神のように「内側からの」展望を持つことはできないのである。したがって意図的な行動についてのわれわれの知識は、少なくとも本質的に空間における物体の運動や位置についての知識――これは一七世紀の科学が偉大なる勝利を獲得した領域であった――に勝るということは明らかである。外的世界を考える時、それはわれわれにとって不透明である。これに対してわれわれ自身を考える時、それは完全に見通せはしないとしても、しかしより見通しうるものであることは確かである。したがって物理学やその他自然科学のルールや法則を心、意志、感情の世界に適用するのは、倒錯した一種の自己否定である。それというのも、これによってわれわれは自らが知りうるものから自らを不必要に遠ざけているのであるから。

神人同型論の誤りが無生物の世界に人間の心や意志を与えた点にあるとするならば、恐らくそうした性質を与えるのにふさわしいのは人間の世界である。したがって川や植物、石のような自然物として人間を扱う自然科学的見地は、決定的な誤りに基づいている。われわれ自身との関係で、人間は「内側からの」展望を持つ特権的な観察者である。この点を無視して全ての存在物について単一の学を理想とし、単一の、普遍的な探究方法に好意を寄せるのは、知りうるものについての物質主義のドグマの名の下に片意地になって無知を強弁するのに等しい。われわれは行為、目的、あることをなしとげまたはあるものを理解する努力といったものがどのようなものであるかを知っている。われわれはそれらを直接意識することを通じて知っている。われわれは自己意識を持っている。他人が何を欲しているかを言うことができるか。ヴィーコはこれがいかにして可能かを直接語っていないが、唯我論は反駁を必要としないと考え、他人の目的を知りうることを自明としていたように見える。その上人間は互いに意志を伝え合うが、それはある直接的な形で、多かれ少なかれ成功裡に他人の言葉、しぐさ、サイン、シンボルの目的や意味を理解し、理解できるからである。もしコミュニケーションがなければ言語も社会も人間性もない。しかしかりにこのことが現在生きている人間に適用されるとしても、それは過去にも適用されるであろうか。われわれは死んだ過去の人々の行為、思想、態度、明確な信念と暗黙の信念、思想や感情の世界を捉えることができるであろうか。そうだとすれば、それはいかにして可能であろうか。この問題に対するヴィーコの回答は恐らく彼の思想の中で最も大胆で、独創的なものであった。

彼の明言するところによれば、過去に至るには三つの重要な扉がある。言語、神話そして制度的行為としての儀式がそれである。われわれは比喩的な表現方法を口にする。(ヴィーコがわれわれに語るところによれば)当時の美学論者たちはこの表現方法を飾り立てられたものとみなし、人々に快楽を与え、あるいは一定の形で人々を動かす意図的方策、あるいは重要な真理を伝える巧妙な方法として、詩人が用いる最高の話し方であると見なした。[18] この議論は、比喩的に表現されたものは少なくとも原則的に明快で、平明な散文でも同じように表現されうる――それは退屈で、詩人の言葉が生み出すような快さをわれわれに与えはしないが――、という仮定に基づいている。しかしヴィーコによれば、もし原始的な人々の言葉(ラテン、ギリシャの古い言葉を彼は良く知っていたが、彼はそれを多くの実例として用いている)を読むならば、われわれが比喩的語り口と呼んでいるものがこれら昔の人々の自然な表現様式であったことが直ちにわかるであろう。われわれの血が煮えたぎっていると言う時、それはわれわれにとって通常怒りの比喩であろうが、原始人にとって怒りは文字通り彼の中で血が煮えたぎっている感覚と似たものであった。われわれが鋤の歯、川の口、花びんの口唇という場合、これらは死んだ比喩であるか、少なくとも聞く者や読者に一定の効果を生み出そうという意図に基づく熟慮の産物である。しかしわれわれの祖先にとって鋤は文字通り歯を持っているように見え、彼らにとって半ば生物である川は口を持っていた。土地は首と舌を持ち、金属と鉱物とは脈を、大地は内臓を、樫の木は心臓を持ち、空は微笑み、渋面をつくり、風は怒り、全自然は生きており、活動していた。人間の経験が変化するにつれて次第にこのかつて当然とされた話し方――ヴィーコはこれを詩的と呼んでいる――は一つの言いまわしとして日常の話し方の中に長く止まったが、その源は忘れ去られるか、少なくとももはや感じとられることがなく、技巧をこらす詩人に用いられるしきたり、飾りとして存続した。話し方の形はある特定のヴィジョンの現われである。超時間的現実を示す普遍的な、「正確な」話し方などはない。「詩的」言葉を用いる以前の人間は象形文字と表意文字を用いていたが、これらはわれわれとは違った世界についての見方を伝えている。ヴィーコの言明するところによれば、人間は話す前に歌い、散文で話す前に韻文で話していたのであって、このことは彼らの用いた記号や象徴の種類と彼らがそれを用いた仕方を研究することによって明らかとなる。

自らと性格を異にする過去の社会でどのような生活が営まれていたか、それを捉えようとする人はまず彼らの世界を理解しなければならない。言語のタイプはその背後にある世界観の表現であり、ある特定の種類の言語を用いる人はどのような種類の世界観の持主であったかを理解しなければならない。この作業の難しさは、ヴィーコの引用する神話学的用語のためにいやが上にも痛感せざるを得ない。ローマの詩人は「万物はジュピターで満ちている」と語った。[19] それは何を意味するであろうか。ジュピターはわれわれにとって神々の父、ひげのある雷鳴を発する人であるが、この語は空、空気も意味する。「万物が」ひげのある雷鳴を発する人または神々の父で「満ちて」いるなどということはいかにして可能であろうか。しかし正にこれこそ人々の話し方である。したがってわれわれとしては、こうした言葉遣いを意味のあるものと考える――われわれにとってはほとんど全く無意味であるが――人々は、どのように世界を見ていたのかを問わなければならない。キュベレーを巨大な女性として語ると同時に大地全体として語る時、何が意味されていたであろうか。またネプチューンを三叉の矛をふるうひげの生えた海神として語ると同時に世界の全ての海、大洋として語る時、何が意味されていたであろうか。同じようにヘラクレスはヒュドラを殺した半神であると同時に、アテナイ人、スパルタ人、アルゴス人、テーバイ人は全てヘラクレスの一族であった。彼は多であると共に一である。ケレスは女神であると共に世界の全ての穀物でもある。

われわれがいわば自らの居を移そうとしている世界は極めて奇妙な世界である。ヴィーコの警告するところによれば、神話や伝記に記された彼ら原始人の世界観、精神構造は、それに入り込もうとするだけでも苦渋に満ちた努力をわれわれに強いる。しかしある程度それを成しとげることは可能である。それというのもわれわれはわれわれと異なった心に「入り込む」ことのできる、彼が想像力《ファンタシア》と呼ぶ能力を持っているからである。

それはいかにして行なわれるか。ヴィーコの考えを理解するための最も近い道は、種の成長と個人の成長との間に彼が設定したパラレルな関係である。ちょうどわれわれは子供の時の経験を想起することができる（そして今日の心理分析はそれ以上のことを証明している）のと同じように、ある程度われわれ人類の初期の集団的経験を取り戻すことは、それが非常な努力を必要とするにしても、可能であるに違いない。この考えはマクロコスモスと個人のミクロコスモスとのパラレルな関係にあるという考え、系統発生は個体発生に似ているという考えに基づいているが、それは少なくとも時期的にルネサンスに遡る観念である。個人の成長と一国民の成長との間には類比関係がある。もし私が子供の時どうであったかを思い出すことができるならば、原始文化が何であったかについて示唆をうるであろう。現在の自分に従って他の人を判断しても巧くは行かない。もしアニミズムが自然物に人間の持つ性格を誤って帰属せしめるものであるとしても、原始人にわれわれの洗練された観念があると考えるのは同じような誤りを犯していることになる。われわれが過去を再構成するのに必要な能力である想像的理解力——想像力——は、類比よりもむしろ記憶の方に近い。[20]

違った世代の人間の持つ経験のカテゴリーは違うが、それは一定の決まった順序で展開する。ヴィーコはわれわれの眼前にある証拠に正しく問いかけることによって、この展開過程を再構成できると考えた。われわれが問わなければならないのは、特定のシンボル(言語)を用いることによってどのような種類の経験がそこで前提され、伝えられ、どのような一定のヴィジョンが過去の神話、宗教的儀式、碑文、遺跡に体現されているかである。これに答えることによってわれわれは人類の成長と発展を追跡し、努力や労働、闘争を通して自らの世界を形成した人々の心をありありと眼前に浮かび上らせ、それに「入り込む」ことができるようになる。この過程のそれぞれの段階はそれに特徴的な形で自らの経験を伝え、実際に伝達する。それには象形文字、原始的な歌、神話と伝説、舞踊と法、形式ばった入念な宗教儀式などがあり、この最後のものはヴォルテールやドルバック、ダランベールにとっては野蛮な過去の旧式な遺物、反啓蒙的なまじないの塊に過ぎなかった。社会意識と活動の発展は(ヴィーコのいうところによれば)語源や構文の展開からも跡づけることができるが、それというのも語源や構文は社会生活の継起する段階を反映し、それと同じ歩調で展開するからである。詩は技巧をこととする文士の発明した意識的な潤色ではなく、記憶という形で神秘的知恵を語ったものではなく、われわれの遠い祖先が集団として、共同体として自己を直接に表現したものである。ホメロスは一個の詩人を表明しているのでなく、全ギリシャ人の代弁者である。こうした考えはその独自の定式化を経て、ヴィンケルマンとヘルダーの理論の中で豊かに開花する運命にあった。ただし彼らが最初にその考えを発展させた時、われわれの知る限り、ヴィーコについてほとんど知るところがなかった。

人間の基本的性格は不変であるという主張はギリシャ人からアクィナス、ルネサンスからグロティウス、スピノザ、ロックに至る西洋の伝統の中心をなす観念であったが、それはもはや妥当性を持たない。何故ならば人間の創造物である言語、神話、儀式はそれとは違った事実を語っているからである。人間は当初野獣、野人であって、「無音のサイン」(21)――身振りとやがて象形文字――を用いていた。最初の雷鳴は彼らを恐怖で満たした。彼らに覆いかぶさっている、彼らより強い力に対する感覚、畏怖が彼らの中に目醒めた。彼らは自己防衛のために集合した。それから「神々の時代」、父祖の時代、原始的部族の冷酷な首長たちの時代が続く。その要塞の外に安全はなく、自分より強い人間によって攻撃された人間は保護を求め、その奴隷、被護民となるという条件で「長老たち」の保護を獲得した。ここに寡頭政や冷酷で欲深い主人、奴隷や農奴を支配し「詩的」語り口を用いる人々からなる「英雄」時代の特徴が見られる。やがて奴隷や農奴が反乱を起し、人間の制度の中で最古のものである結婚と埋葬儀式に関して譲歩を要求する段階が訪れる。彼らは新しい自らの儀式を記録させる。これが最初の法の形式である。次いでここから散文が生まれ、そこから議論と雄弁術が出、したがって質問、哲学、懐疑主義、平等な民主主義への道が開かれ、最終的に素朴な敬虔や連帯感、原始社会の権威に対する尊敬が破壊され、人々の原子化と分裂、破壊的利己主義と疎外が出てくる。(22)そしてもしアウグストゥスのような人間が権威と秩序を回復しないならば、あるいは尽きざる力と確固とした規律を持つ古い、より原始的で強力な部族がそれを襲い、屈服させることがないならば、ついには衰弱する。もしこれがなければ全面的な崩壊現象が起る。そして再度ほら穴での原始的な生活が始まり、未開の生活の持つ野蛮さから没落の際に現われる第二の野蛮さへという全循環過程が繰り返される。

不完全なものから完全なものへという進歩はない。それというのも完全という概念そのものには絶対的価値基準が含まれているからで、実際にあるのは認識可能な変化のみである。各段階はその先行段階から機械的に生ずるのでなく、絶えず自己形成と自己変化を行なっている活動的人間が古い必要を満たし、新しい必要を生み出すことによって出現可能となる。この過程の中で、ヴィーコの図式によれば、中心的役割を果たすのが階級間の戦争である。ここでヴィーコは再度神話学に強く依拠している。ヴォルテールの語るところによれば、神話とは野蛮人のたわ言と悪漢の奸計であり、あるいはせいぜいのところ読者を魅了しようとして詩人が想像にまかせて作り出した無害な幻想であった。しかしヴィーコにとって神話はしばしば、さまざまな文化の発生源となった過去の社会的対立を壮大な心像の形で展開したものであった。彼は才気にあふれた、想像力ある史的唯物論者であった。カドモス、アリアドネ、ペガサス、アポロ、マルス、ヘラクレスなどは全て社会変化の歴史の中での転換点を象徴するものであった(23)。後代の合理的思考にはさまざまな属性の異様な総合と思われるものも——例えばキュベレーが女性であると同時に大地、翼を持った馬、ケンタウルス、木の精であるというような——、実際にはわれわれの祖先がある複数の機能または観念を一つの具体的イメージの中に結合しようとした努力の現われである。ヴィーコはそうした実在を「あり得ない一般概念(24)」、相矛盾する特質から成る心像と呼んでいるが、感覚でなく概念で思考する子孫たちはそれを抽象的な表現法で置きかえた。特定の語の外延の変化、その変様もまた、ヴィーコによれば、社会構造の発展を知るのに開かれた窓である。それというのも言葉はわれわれに「言葉の意味する制度の歴史(25)」を語るからである。したがってレックス(*lex*)という語の足跡は、「大地の大森林(26)」の中での生活の後にあばら屋での生活が続き、その後に村落、都市、学校での生活が続いたことを示してくれる(27)。

ヴィーコの引き出す個々の結論は時として全く説得性に欠け、あるいは恣意的である。

しかしこのことは彼が人類の積み重ねて来た歴史に適用すべき計画、一種のカント的超越論的方法を構想したことと比較して、重要ではない。それは特定の社会の経験がその特徴を表現するあれこれの神話、礼拝の方式、言語、建物に似ていることを認識する試みである。これは新しい門戸を開いた。それは超時間的、不変の「人間性」という、静態的な、精神の核をなす考えの信用を失墜させた。それは野蛮な最初の状態から徐々に人類は発展したという、古いエピキュロス－ルクレティウス的人類史観を改めて強化した。超時間的な不変の正義、財産権、自由、権利といった概念は存在しない。これらの価値はそれらが一部分をなす社会構造が変化するにつれて変化し、これらの価値が現われる心と想像力によって作られる事物は各段階において変わる。したがって古代人が比類のない知恵を持っていたと語るのは全て馬鹿げた幻想である。古代人は戦争に専念する野蛮人、「巨大な野獣」であり(28)、地球の大森林をさまよう、われわれとは違った被造物である。どこにも遍在する自然法なるものは存在しない。ストア派、セヴィリアのイシドール、トマス・アクィナス、グロティウスなどは絶対的原理の一覧表を書き留めたが、それは野蛮な原始的祖先の心に明らかに存在しなかったし、その行為の中に暗黙にも存在しなかった。同じことはホメロスの英雄たちについても言える。ホッブズ、ロック、スピノザのいう合理的エゴイストとしての人間という議論は恣意的で非歴史的である。もし人間がこれらの人々が描いたような存在であったならば、その歴史は了解不可能なものとなったろう。

文明の各段階はそれに固有の芸術、固有の形式の感覚と想像力を生み出す。その後代の形式は以前のそれと比べて秀れてもいなければより悪くもなく、単に異なっているだけであって、各々はその特定の文化の現われと判断される。「無音の」サイン(29)を用い、「自らの体を使って話し」、語る前に歌った(ヴィーコは、どもる人間は今でもそうだと付言している)(30)過去の人々を、いかにしてわれわれの複雑化した文化を基準にして判断できるであろうか。当時フランスの趣味判断の権威者たちは芸術的卓越性の絶対的基準を信じ、ラシーヌ、コルネイユ(あるいはヴォルテール)の詩句は醜いシェークスピアや退屈なミルトン、または彼らより以前の異様なダンテ、恐らく古代人の作品よりも秀れていると考えていた。これに対してヴィーコは、ホメロスの詩は支配階級の野心と貪欲と残酷さに色どられた社会の崇高な表現であり、こうした社会のみがこうした生活観を生み出すことができたと主張した。後の時代はその生存に助けとなるものについてはより完全となるにしても、『イリアス』を生み出すことはできない。『イリアス』は特定の生活様式の持つ思考、表現、感情のあり方を体現しており、彼らはわれわれの目にとまらないものを文字通り見ている。

新しい歴史とは、人間の経験や活動、その継続的な一つの文化から他への自己変化の継起と多様さとを説明すべきものである。これは大胆な相対主義を帰結し、特に芸術における進歩という観念を殺してしまう。この進歩という観念によれば後の文化は先の文化を必ず改良し、またはそれからの退化であり、各々の文化はある固定的な、不変の理想との関係で測定され、この理想にしたがって全ての美、知識、徳は判断されねばならない。古代人と近代人との間の有名な論争はヴィーコにとって無意味なものであった。何故ならば各々の芸術的伝統を理解できるのはそれに固有のルールを把握し、それに内在する約束事を把握し、思考と感情のカテゴリーの変化する型の中から「本質的」部分を捉える人間だけであるからである。アナクロニズムという概念は、他の人々もいくらかそれを知っていたが、ヴィーコの場合中心的なものとなった。ヴィーコの語るところによれば、ポリュビオスはかつて人類の誕生を統轄していたのが哲学者でなく聖職者であったことは人類の不幸であると述べ、この悪意あるほら吹きがなければどれほど多くの誤りと残酷な行為がなくて済んだかと語ったと言われる(31)。ルクレティウスも熱心にこの非難を繰り返している。しかしヴィーコ後の人間にとってはこういうことを言うのは、あたかもシェークスピアがその戯曲をジンギス汗の宮廷で書くことができたとか、モーツァルトは古代スパルタで作曲できたとか言うに等しい。ヴィーコはボダン、モンテーニュ、モンテスキューを遥かに超えている。(32) 彼ら(とヴォルテール)は相異なった社会的精神の存在を信じたかもしれないが、歴史的展開の各々の段階がそれに固有のヴィジョン、表現方法——それを芸術と呼ぶか、科学、宗教と呼ぶかはともかくとして——を具えつつ、継起的段階を成すということは信じなかった。知識は次々と蓄積されて成長し、唯一の普遍的基準が単一の集積物を支配し、したがって科学者が樹立したことを他の世代は繰り返す必要はない、こういう考えはヴィーコのような考えには全く合致しない。ここに実証的知識という観念と理解という観念の大きな裂け目が見られる。

ヴィーコは事実の確定をする上で新しい科学的技術が有効であることを否定しはしない。彼は経験的研究を省略できる直観的または形而上学的能力を主張したわけではない。記録やその他の証言の真実性、年代、年代の序列、誰が何を、いつ、どこでなし、かつなされたかの確定——個人、階級、社会のいずれを扱うにしろ——、単なる事実の確定、これら全てを検証する上で、新たに確立した科学的研究方法は不可欠であろう。同じ方法は非人格的要素である地勢的、環境的、社会的要素の研究や、自然の資源、動物群、植物群、社会構造、植民、交易、財政の研究にも適用される。つまりここでは科学的方法を用いなければならないのであって、ボダンとヴォルテールが語り、それ以降社会学的、統計的方法を用いた全ての歴史家が行なったように、この方法は蓋然的知識を可能にする。ヴィーコはこれら全ての点については全く争いはしない。それでは彼が二〇年にわたる継続的労苦の成果として語る、その歴史観の中で何が新しいのであろうか。

私の考えではそれは次の点である。歴史の理解とは人々が身をおく世界をどのようにして作り、それに何を求め、彼らの感ずる必要や目的、理想が何であるか、を理解することである。ヴィーコは世界についての彼らのヴィジョンを発見しようとし、社会の持つ世界観を規定しているのがどのような欲求、問題、志向であるかを問う。ヴィーコの考えるところでは、彼は人々の思考、行動、自己と世界の変革の基礎となっているカテゴリーを捉える、新しい方法を生み出した。この種の知識は観察または科学、演繹的推理によって生まれる事実についての知識や論理的真理についての知識ではない。それはどのように事物を行なうかについての知識でもなければ、信仰に基づく知識や神の啓示に基づく知識——ヴィーコ自身それを信じていた——でもない。それはむしろわれわれが友人、その性格、彼の思考や行動について持つ知識に似ており、モンテーニュが巧みに叙述し、モンテスキューが考慮に入れたあの人格、感情、観念の微妙な色合いについての直感に似ている。

歴史を理解するためには、芸術家、特に小説家に要求されるような高度の想像力を持たなければならない。しかしこれでもわれわれの生活様式とは違う、かけ離れた過去の生活様式を把握するには十分ではないであろう。しかしわれわれは完全に絶望するには及ばない。何故ならばわれわれが理解しようとしているのは人間——われわれと同じように心とさまざまな目的、内面的生活を持った人間——であり、彼らの業績は全く理解できない訳ではなく、非人間的自然というわれわれには見通すことのできない世界とは異なるからである。この他人の心と状況とに「入り込む」力と彼が呼ぶ能力なしには、過去は博物館におけるごとく、死物の集積に止まるであろう。

この種の知識はデカルト哲学の思惟と違い、人間とは何か、行動とは何か、意図や動機を持つとは何かといったことについてわれわれが知っているという事実に基礎をおき、非人間的世界の中で自らくつろぐために、ヘーゲルの言う「自己自身のもとにある」(33)ことを了解し、理解しようとする。『新しい学(*Scienza nuova*)』の非常に有名な一節はこの中心的な洞察を極めて生き生きと表現している。

われわれから遠く離れた、ずっと古代の世界は深い夜の暗闇に取りかこまれているが、そこに疑問の余地のない、永遠の、欠けることのない光が輝やきわたる。つまり、政治社会という世界は確実に人間の作ったものであり、したがってその原理はわれわれ人間の心のさまざまな変様の中に発見できる。このことに思いをめぐらす人は誰でも、哲学者たちが自然の世界――それは神の作った世界であって、神のみがそれを知っている――の研究に全ての精力を注ぎ、諸民族、政治世界――それは人間の作ったものであるがゆえに、人間に認識可能である――の研究をおろそかにしているのを見て、驚かざるを得ない。(34)

人間は自らの政治世界――その文明と制度――を作ったが、しかしマルクスが後年指摘したように、「一着分の服地」(35)から、無限に伸縮自在の素材から作ったわけではない。人間の肉体的、精神的条件という外的世界もそれなりの機能を果している。しかしこのことはヴィーコの関心を惹かなかった。彼は人間の寄与にのみ関心を向け、人間の行為の意図しなかったような帰結が生じた場合を論ずる時、それを人間が意識的に「作った」のではないとして摂理に根拠を求め、摂理は謎めいた形で人々を最終的幸福に導いてゆくとしている。摂理もまた自然と同様、人間の意識的統制の彼方の存在である。彼の言わんとしたのは、ある世代の人々が体験し、行ない、その作品に結実させたことを、他の世代が――恐らく困難を伴い、不完全な形においてではあるが――把握できるという点にあった。そのためには発達した想像力《ファンタシア》――想像力に富む洞察力を示すヴィーコの言葉――を持たねばならない。そして彼はフランスの理論家がこの能力を低く評価していると批判する。それは現実をカテゴリー化するやり方を一つではなく複数考えつく能力である。それは例えば芸術家、革命家、裏切り者がそれぞれどのような人間であるかを理解し、貧乏であること、権威に従うこと、子供であること、囚人であること、野蛮人であることがどのようなことであるかを知る能力である。他人の内に入り込むある種の能力なしに、人間の状況や歴史、ある時代やある文化を他に対して特徴づけているものを理解することはできない。文明の継起の様式と他の時間的過程——例えば地質の過程——との違いは、前者を作る上で決定的役割を果たすのがわれわれ人間であるという事実にある。これが芸術や科学の中心的な特質である。何がある生活様式には合致するが他の生活様式には合致しないかを語る場合、帰納的方法だけでは目的に達することはできない。

ヴィーコの方法の具体例を挙げてみよう。ローマ人がソロンの時代のアテナイから十二表法(ローマの最古の法制)を借用したという話は真実ではない。何故ならばソロンの時代には野蛮人であったに違いないローマ人にアテナイがどこにあるかを知っていたり、アテナイ人がローマ人にも有益と考えられる法制を持っていることを知っていたりするなどというのは不可能であるからである。その上、これら初期のローマ人たちが自らの東南の方角により文明化され、よりよく組織化された社会の存在を知っていたという、ありそうにない仮説をとるとしても（初期ローマの野蛮な部族は文明とか都市国家とかいった観念を、たとえ初歩的なものであれ、懐くことができなかったのであるが）、アッチカの言葉をしかるべきラテン語に訳す場合、それに対するギリシャ語の影響が残らざるを得なかったし、ギリシャ語にその対応語のない例えば *auctoritas* という語を用いることができなかったであろう。このようにヴィーコは論じた。

この種の議論が根拠にしているのは、多くの時代や場所での人間行動についての経験的証拠の集積ではない。社会学的一般化はそのようなものを基礎としているが。進歩した文化といった観念、それを野蛮な文化と区別するものはヴィーコの場合静態的な概念ではない。それは個人と社会における自意識の成長の段階、ある成長の段階で用いられる概念やカテゴリーと他の段階でのそれとの違い、一方が他方から発生するのを叙述し、そして最終的には子供時代、成年時代がどのようなものであるかを理解しようとするものである。一五世紀の初頭イタリアの人文主義者ブルーニは、ギリシャ語で言われたことは全て同じようにラテン語でも言えると述べたが、ヴィーコは、*auctoritas* の例が示しているように、正にこの点を否定した。経験の不変の構造などというものは存在しない。したがってそれを基準にして完全な言語を発明することはできないし、不完全な言語を完全にすることもできない。いわゆる原始的な言語は後代の人々がより正確に表現する事柄を不完全な形で表現しているのではない。それは自らに固有の世界観を体現しており、この世界観は理解可能ではあるが、他の文化の言語に完全に翻訳することはできない。一つの文化は他の文化の不完全な表われではない。冬は未発達の春ではなく、夏は未発達の秋ではない。

　ホメロス、聖書、カレワラの世界は、ヴォルテールやエルヴェシウス、バックル的な絶対基準の観点から判断されるならば全く理解できないし、ヴォルテールが『空想博物館』で実例を示しているように——そこでは人間の四つの偉大な時期が人間の業績の単一の頂点の示す諸側面として並べて掲げられていた——、人類文明の極致との距離に従ってそれを採点することもできない。このことは自明であり、私はこの自明の理にあまりにも長く骨を折り過ぎたと考えられるかもしれない。しかしこうした立場は一八世紀初頭においては自明の理ではなかった。歴史家の任務は単に事実を確定し、その因果関係を説明するのみならず、それに関わっている人々の目に状況がどのようなものと考えられ、彼らの見解がどのようなものであり、いかなるルールに従って導かれ、彼らの（他の社会や文化でなく）発言や行為に内包されている「絶対的前提」（コリングウッドの言う）[36]とはいかなるものであるかを吟味することにあるという主張は、当時確かに斬新で、パリの文筆家《フィロゾーフ》や科学者の思想には全く異質のものであった。それはフランス啓蒙に最初に叛旗を翻した人々の思想を特徴づけるものであり、これらスイス、イングランド、ドイツの評論家と国民文学史家の中にはボードマー、ブライティンガー、フォン・ムラールト、ヘブライ学者ロース、ブラックウェルのようなホメロス批評家、ヤング、アダム・ファーガソン、ハーマン、メーザー、ヘルダーのような社会思想家、文化思想家がいた。それに続いてヴォルフ、ニーブル、ベックといった偉大な古典学者の世代が続き、彼らは古代世界の研究の形を変え、その作業はブルクハルトとディルタイ、二〇世紀のその後継者たちに決定的影響を及ぼした。ここから比較言語学、比較人類学、比較法学、比較宗教学、比較文学、芸術や文明、思想の比較史などが発生した。そしてこれらの研究に際しては事実や出来事についての知識のみならず理解力——感情移入《アインフュールンク》——が必要とされた。

価値体系や全社会の人生観についての学識ある想像力、洞察力を用いることは、数学、物理学、地質学、動物学あるいは——ある人々はそれを否定するが——経済史や社会学においてさえ(それが厳格な自然科学と考えられ、行なわれるならば)必要ではない。この発言は意図的になされた極端な発言であって、人間の過去に対する新しい態度の帰結として自然科学と人文学との間の裂け目を強調しようとするものである。コンドルセ、バックル、マルクスなどは非人格的歴史を構想し、彼らは「蜜蜂またはビーバー」(コンドルセのアナロジーを用いるならば)[37]の行動について語るのと原則的に同じように、人間社会も人間についての科学によって研究できると考えた。これと対照をなすのが精神生活を信じ、それに従って生きている人間の歴史という立場であって、コールリッジやカーライルは功利主義者に向って、アクトンはバックルに対して(その有名なバックル批判の中で)、クローチェは実証主義者に対して、彼らがこうした見方をとらないと批判を加えた。しかし実際にはこの二つの見方の間には多くの重なる部分がある。ヴィーコはこの二つの立場の分裂に先鞭をつけ、その後二つの道は分かれることになった。特殊的、ユニークなものに対して繰り返されるものと普遍的なもの、具体的なものに対して抽象的なもの、永遠の運動に対して静止、内なるものに対して外なるもの、質に対して量、文化に規定された原理に対して超時間的原理、人間の永遠の状況としての精神的争いと自己変革に対するに平和、秩序、究極的調和そして全ての合理的な人間の願望の満足の可能性と(望ましさ)、こうした対照は二つの対照的立場の諸側面の現われである。[38]

歴史学の主題や方法についてのこうした考えは、今日文学史家、思想史家、芸術史家、法史家、科学史家、そしてこの伝統の影響を受けた文化史家、文化社会学者によって当然なものとされているが、自然科学者自身の心に一般に意識されることもなければ、意識される必要もない。しかし一八世紀以前には私の知っている限り、こうした対照についての意識はなかった。広義の哲学の領域――自然哲学と形而上学――、神学、歴史学、修辞家、法学の間の区別はあまりはっきりしたものではなかった。方法をめぐる議論はルネサンスにあったが、自然科学の領域と人文学のそれとの間の大きな裂け目を最初に作ったのは、あるいは少なくとも、善かれ悪しかれ、それを顕わにしたのはジャンバッティスタ・ヴィーコであった。それによって彼は今日なおその結末が定かでない大議論の端緒をつけたのであった。

彼の中心的洞察はどこから出て来たのであろうか。文化とは何か、文化をその統一性と多様性、他の文化との類似性、特に他の文化との相違に即して理解するとはどういうことか、といった問題についての彼の考えは、文明の一体性や知識の蓄積による成長としての科学的進歩といった教説を秘かに傷つけるものであったが、この考えはパラス・アテネ神のごとく彼の頭脳から十分の武装を固めて飛び出て来たのであろうか。一七二五年以前にこうした思想を持っていたのは誰であろうか。どのようにしてこうした考えはドイツのハーマンやヘルダーなど、これと極めて類似の考えを持つ人々の間に浸透した――そうであるとして――のであろうか。これらの問題については今日なお、思想家によって十分な研究が行なわれていない。しかしそれらがどんなに興味深いものであるにしろ、中心的発見そのものに比較すればその解決は重要とは思われない。その発見とは何よりも次のような考えである。何らかの程度で自己理解を実現しようとする場合、唯一つの方法は社会的成長の各段階を体系的、歴史的、心理的そして特に人類学的に再度辿ってみることである。この成長は経験的に発見可能な型――それがあまりにも断定的な言葉であるならば、流れまたは傾向とも言ってよい――に従っており、われわれは自らの内面的生活の中でその動きに十分通じている。しかしこの流れは単一の、普遍的目標へと向うものではない。それぞれの世界はそれに固有の目標をもつが、後続世代と共通するものを十分もつ。後続世代とともにそれは認識可能な人間的経験の継続的方向性を形成する。この方向性はその住人たちに理解不能というものではない。もしヴィーコが正しければ、こうした仕方でのみわれわれは人類史の統一性、つまりわれわれの「壮大な時代」[39]と「地上の大森林」[40]の中でのわれわれの見苦しい始まりとを結びつける結び目を理解できるという希望を持つことができるであろう。

原注

(1) Vincent of Lérins, *Commonitorium*, 2. 3.

(2) *Novum organum*, vol. 1. 39.〔桂寿一訳『ノヴム・オルガヌム(新機関)』岩波文庫、一九七八年〕

(3)　M・H・フィシュが正当にも指摘したように、修道院の解散はそれまで利用できなかった厖大な証拠書類を公開することになった。このことは、自らの歴史的要求に対する攻撃を反駁すべく教会が歴史研究という武器に訴えるという結果をもたらした。

(4)　〔デカルトは「ラテン語を知ることはキケロの侍女ごときを知ることにすぎない」と言っている。*Risposta di Giambattista Vico all'articolo X del tomo VIII del 'Giornale de' Letterati d'Italia'* (Naples, 1712). Giambattista Vico, *On the Most Ancient Wisdom of the Italians Unearthed from the Origins of the Latin Language, Including the Disputation with the* Giornale de' letterati d'Italia, ed. and trans. L. M. Palmer (Ithaca, 1988), p. 183 を参照。この発言はデカルトの公刊された著作には出てこない。〕

(5)　「人々の習俗の時期と変化」、国民の「気質と体液」「生活の仕方」「生活の様式」「習慣《ポリス》」「人々の動機、意見、考え」「世紀の天才、意見、習俗、支配的な理念」「人々を支配する情念」といった句が、一六世紀から一七世紀にかけて非常に一般的に見られる。

(6)　'Histoire' in *Dictionnaire philosophique*: see *Oeuvres complètes de Voltaire*, [ed. Louis Moland] (Paris, 1877–85) (以下Mと略記), vol. 19, p. 365. 特に明記しない限り、以下のヴォルテールへの言及はこの版による。〔高橋安光訳『哲学辞典』四九五頁、法政大学出版局、一九八八年〕

(7)　Preface to *Essai sur l'histoire universelle*, vol. 3 (1754): M, vol. 24, p. 41.

(8)　*Essai sur les moeurs*, 'Avant-propos': M, vol. 11, p. 157.

（9） *Ibid.* chapter 81: M, vol. 12, p. 53.

（10） *Siècle de Louis XIV*, Introduction: M, vol. 14, p. 155.〔丸山熊雄訳『ルイ十四世の世紀』七頁、第一冊、岩波文庫、一九五八年〕

（11） Letter to Maurice Pilavoine, 23 April 1760.

（12） 'Histoire' in *Dictionnaire philosophique*: M, vol. 19, p. 367.〔前掲邦訳、四九六頁〕

（13） *Essai sur les moeurs*, chapter 195: M, vol. 13, p. 162.

（14） *Questions sur l'Encyclopédie*, 'Histoire', M, vol. 19, p. 365 参照。

（15） *Remarques sur l'histoire*: M vol. 16, p. 137 参照。

（16） 'Le Pyrrhonisme de l'histoire', chapter 42, M, vol. 27, p. 296.

（17） *Essai sur les moeurs*, introduction, section 10: M, vol. 11, p. 30.

（18） フォントネルの影響はヴォルテールに次ぐ。彼は芸術の発展（他の全てのものの発展と同じように）を秩序、明快さ、厳密さ、明瞭さ《ネテテ》と同一視したが、これらの理念を最も純粋に表現するのが幾何学であった。デカルトの方法はその接触する全てのもの、あらゆる知識と創造の領域に改革をもたらすものである。神話は彼にとって、ヴォルテールの場合と同様、未開と無知との産物であった。彼は全ての比喩に、特に事物についての「全く馬鹿げた、こっけいな」考えに発する架空のイメージ（*images fabuleuses*）に対しては疑いの念を示し、それらは誤りを広める役に立つだけだとした。原始時代の詩人は神話の言葉をけばけばしく用いたが、それは自らが神から直接霊感を与えられた存在であることを示すための策謀でもあった。近代の文筆家は時間、空間、神については精神的イメージ（*images spirituelles*）、人格化された抽象概念という、不合理な感情でなく理性に訴えるものを少なくとも用いるべきである。知力、勇気、人間性、確固たる真理の追求——啓蒙（*lumières*）の時代はこれを武器に理論上の馬鹿げたことや反啓蒙主義、実践上の野蛮な残酷行為と戦っている——といった徳が悪徳を伴うことにやみくもであってはならず、これらの徳は恐るべき犠牲を要求している、と。〔フォントネルの 'Sur la poésie en général'. 引用句は Oeuvres complètes (Paris, 1989–), vol. 5, p. 560.〕

（19） Vergil, *Eclogues*, 3. 60; cf. Aratus, Phainomena 2-4; 引用元は、*The New Science of Giambattista Vico*, trans. Thomas Goddard Bergin and Max Harold Fisch, revised ed. (New York, 1968), paragraph 379.（以下、NS 379 のように記す）〔上村忠男訳『新しい学』上下巻、中公文庫、二〇一八年。上巻には 581 まで収録〕

（20） レオン・ポンパはその論文や私との会話の中でこのコントラストを強調した。私は彼のこうした解釈はヴィーコの思想に最もかなうものであり、私自身このテーマについて以前論じた時、この点について十分注意を払わなかったと考えている。

（21） NS 401, 434.

（22） 頽廃的文明の終焉を論ずる『新しい学』の一節は引用に値する。「人々の集まりや群衆がいかに巨大であったとしても、［人々は］野獣のように生活し、その精神と意志とは深い孤独によって色どられ、各々は自らの快楽や欲望に従うために二人の間で同意できることはほとんどない」(NS 1106)。

(23) 例えばテセウスとアリアドネとの物語は初期の航海生活に関係がある。ミノタウロスはアテナイ人を誘拐する海賊を示すが、その根拠は雄牛が古代にあっては船首を特徴づける象徴であるからであり、海賊行為はギリシャ人や古代ゲルマン人の許では非常に名誉に値すると考えられていた。アリアドネは航海術を意味し、糸は航海の象徴で、迷宮はエーゲ海を意味する。あるいはミノタウロスは混血児、クレタに来た異邦人で、民族的対立を象徴する古いシンボルである。カドモスは未開人であって、彼の蛇殺しは広い森の開墾を示唆している。彼は蛇の歯を土にまいたが、この歯とは鋤《すき》の歯のことである。彼が自らの周囲に投げた石は、土地に飢えた農奴に対抗して寡頭政の英雄たちが維持するひとつのまとまった土地を意味する。畔は封建社会の秩序を意味し、歯から生まれた武器を執る者が英雄であるが、彼らは神話が語るように相互に戦わず(ここでヴィーコは証言を「矯正する」ことを決心している)、定着農民の生活を脅かす盗賊やごろつきと戦う。ミネルヴァによるマルスに対する傷害は平民に対する貴族の勝利を意味する。ペガサスの場合、羽は空を表わし、空は鳥を表わし、飛揚は非常に重大な吉兆を意味する。羽プラス馬で、占をなす権利を持つ馬に乗った貴族を、したがって平民に対する権威を示し、やがてこうした神話は権力、制度を示し、しばしば社会秩序の急激な変化を反映するようになる。ドラコン——中国やエジプトにも発見される蛇——やヘラクレス、アイネーアス(彼の冥府への下降はもちろん種まきを象徴している)のような神話上の人物はヴィーコにとって歴史上の人物ではなかった。そしてピュタゴラスやソロンのような人物はもっぱら政治構造を象徴する存在と考えられ、年代記の枠組には決してはめ込まれないと考えられていた。

(24) NS 209, 381, 933.

(25) NS 354.

(26) NS passim, e.g. 13, 195, 301, 369, 736, 1097.

(27) NS 239-40. これは自由に飛翔するヴィーコの歴史想像力の好例である。彼は *lex, ilex, aquilex, legumen, legere* を、明らかに森での生活から導き出された、典型的な「森を表わす」言葉として一つのグループにまとめ、これらの語は後に全く違った活動や対象を意味するようになったとする。最初 *lex* は「どんぐりの集まりを意味していたに違いない。」*ilex* は「オークの木」である。「何故ならばオークの木は豚を寄せ集めるどんぐりを生み出すからである。」(同様に *aquilex* は「水を集める人」を意味した)「次に *lex* は野菜の集まりを意味し、ここから野菜は後に *legumina* と呼ばれるようになる。後に、法を書き記す自国の文字が発明されていない段階で、それが政治の領域に適用されることによって必然的に市民の集まり、あるいは市民の公的集会を意味するようになったに違いない。したがって人々の現にあることが *lex*、法であり、それは召集された民会(*comitia*)において、集会を開いている民会の面前でなされた決定をおごそかにしたものであった。最後に文字を集めること、各々語を集めて束をつくることは *legere* と呼ばれ、読書である。」こうした議論は発生論的、社会学的言語学の、特殊的な、想像力に富んだ一例であり、この社会言語学的接近方法はやがて人文学の多くの、重要な部門を生み出していった。例えば歴史法学、社会人類学、比較宗教学などがそれであり、特に言語理論の発生論的、歴史的側面との関係で重要な働きをした。

(28) NS 374.

(29) 注(21)参照。

(30) NS 225–30, 461.

(31) これは実際にはポリュビオスのテキストの誤読に基づいているが、しかしヴィーコはそれを契機に自らの歴史主義的テーゼを示している。たとえポリュビオスがこの誤りに加担することがなかったとしても、それはヴィーコが叛旗を翻した啓蒙の伝統の一環をなしていた。

(32) 初期と後期との態度の相違は、一方でボダン、ベーコン、モンテスキューの側の、他方でヴィーコの側の、神話や寓話に対する関心から明らかになる。前者は神話や寓話を虚偽を弄ぶ聖職者によって発明されたとか、単なる「人間の弱さ」(ヴォルテールの言葉を用いれば)の結果であるとは考えなかった。彼らはこの種の遺物を初期のまたは遠い過去の社会の習俗(*moeurs*)や生活の仕方(*façons de vivre*)についての情報として用い、そこから更に自らの時代や状況との関係で何か学ぶべきものがあるか発見しようという明確な目的を持っていた。一時的には彼らは他の社会について強い好奇心を示し、それらについての事実それ自身のために事実を集めたかもしれないが、表面に現われた動機は功利主義的なものであった。要するに彼らは人間生活の改善を欲したのである。これに対してヴィーコは神話を、経験が組織化される(われわれのそれとは)違ったカテゴリーの形跡と考えた。原始人や昔の人々はわれわれには異様な光景を通して自らの住む世界を見ていた。ヴィーコの目的はわれわれがどこから来たか、どのようにして今日ある状態に至ったか、過去がどれだけわれわれの中に存続しているかを理解することにある。その接近方法は発生論的である。何故ならば彼が発見したと考えるルールに従い、想像力によって（*fantasia*）再構成された始源を通してのみ、全ての物は真に理解できるものとなる。それは超時間的な本質や事物の現在の状態の経験的記述や分析によって可能なのではない。この点に歴史、社会観の真の転換点が示されている。

（33） Georg Wilhelm Friedrich Hegel, *Sämtliche Werke*, ed. Hermann Glockner (Stuttgart, 1927–51), vol. 11, p. 44.〔長谷川宏訳『歴史哲学講義』上巻、三六頁、岩波文庫、一九九四年〕

（34） NS 331.

（35） Karl Marx, *The Eighteenth Brumaire of Louis Bonaparte* (1852), chapter 1.〔植村邦彦訳『ルイ・ボナパルトのブリュメール18日』平凡社ライブラリー、二〇〇八年〕

（36） R. G. Collingwood, *An Essay on Metaphysics* (Oxford, 1940), passim, esp. chapter 5.

（37） *Oeuvres de Condorcet*, ed. A. Condorcet O'Connor and M. F. Arago (Paris, 1847–49), vol. 1, p. 392.

（38） エリッヒ・アウエルバッハはこの点を雄弁にそして正確に述べているように思われる。「各時代や社会は絶対的に望ましいとされる概念の型に従って判断さるべきでなく、それ自身の前提に即してそれぞれの場合に応じて判断されるべきであると人々が気づいた時、人々がそうした前提の中に気候や地質のような自然的要素の他に知的、歴史的要素を数え上げる時、換言すれば、彼らが歴史のダイナミズム、歴史現象の独自性についての感覚を発展させる時、[……]したがって各時代は一つの全体として、その性格はそれぞれの仕方で現われるものとなる時、最後に、事件の意味は抽象的、一般的な認識の形で捉えられることはできず、それを理解するのに必要な材料は社会の上層や大きな政治的事件にのみ求められるべきでなく、芸術、経済、物質文明、知的文化、日常の世界の深み、その中の男や女の中にも求められるべきである——何故ならばそこでのみ人はユニークなもの、内なる力によって動かされるもの、より具体的、より深い意味において普遍的妥当性を持つものを捉えることができるからである——という確信を受け容れる時」(*Mimesis: The Representation of Reality in Western Literature*, 1946, trans. Williard R. Trask, Princeton, 1953, pp. 443-44〔篠田一士・川村二郎訳『ミメーシス』下巻、三〇六頁、ちくま学芸文庫、一九九四年〕)。私は科学としての歴史と、自己認識の一形式としての歴史(それは決して完全に体系化されることができず、ヴィーコが戒めているように「信じがたい努力」(NS 338)によってのみ実現できる)との違いについて、これ以上見事な定式化を知らない。

(39) NS 123.

(40) 注(26)参照。

モンテスキュー

三辺博之訳

一

ジェレミイ・ベンサムは、一般に考えられている以上に、著述の中で感情をこめた言い方をする時が多いのだが、そのひとつで、モンテスキュー没後半世紀たって書いたなかで、次のように声高く述べている。「ロックは、無味乾燥で、冷たく、退屈だが、永遠に読まれよう。モンテスキューは、俊敏で才気にあふれ、偉大で魅惑的だが、彼の時代を越えて生き残れはしまい。[1]」そして、モンテスキューにさらにデカルトの名を加え、二人の思想は、かつては興味あるものであったが、真実の命題よりも間違った命題の方を非常に多く含んでいるとして、二人とも忘れらるべき存在であると断じた。これらの偉大な思想体系は、それ相応の讃辞をうけ、そのあと、それにふさわしく葬られなければならない。それらはすでに役割を果しおえたのだからである。体系の大部分をなす誤謬は、根こそぎ捨て去られ、二度とひとびとの心をまどわすことがあってはならないというのである。

この批判は、ベンサムらしく量的な功績評価を特色としているが、それ自体長い間忘れられていた。しかし、モンテスキューが擁護した多くのことが、すでに文明国民の考え方や制度の中に、平穏無事に吸収されていると思われていた一九世紀、とくに一九世紀末近くでは、この批判は別に不当とも思われなかったのであろう。モンテスキューは立憲主義を唱導するとともに、民事的自由の堅持と奴隷制の廃止、漸進主義、中庸、平和、国際協調、および、国民的伝統や地方の伝統に対するそれ相応の配慮をともなった社会的経済的進歩を唱導した。彼は正義を信じ、法の支配を信じた。言論と結社の自由を擁護し、あらゆる極端と狂信を嫌った。権力の分立と均衡が、個人や団体や多数者による専制支配に対する武器であると信じた。そして、個人の自由を脅やかさない程度の社会的平等と、秩序のある政治を乱す恐れのない程度の自由を是であるとした。こうした理想のおおかたは、彼の死後一世紀あとには、理論上はすくなくとも、西欧の文明化した政府や国民に共有されていた。なるほど、帝政ロシアやアジアにおいては専制的制度が、スペインにおいては聖職権主義《クレリカリズム》が、ラテン・アメリカにおいては断続してあらわれる無秩序と腐敗が、アフリカにおいては野蛮がなお存在していたし、西欧においても、ナショナリズムと帝国主義が無気味に成長しつつあった。しかしながら、モンテスキューの教えの核心は、いたるところで自由主義的な信条の真髄となった。彼の教義はすでによく理解されていた。彼は二〇世紀に対しては、すでに新しく語るべき何物も持ってはいないように思われた。時の経過につれ、彼の間違いの方が明らかとなった。歴史や地理や民族学にかんする彼の知識は、彼の生きた時代にさえおくれていた。彼の最も有名な教義、権力分立論は、彼が完全にイギリスの現実と思い違いをした制度に対する熱烈でしかも誤った讃辞であり、かえってブラックストーンやド・ロルムを誤解させただけのものであったが、フランス革命をつうじてその非現実性は明らかとなり、合衆国においては杓子定規にすぎるほど忠実に受けいれられ、まんざらいいともいえない結果をもたらした。彼の教えの保守的な側面――急激な改革よりも、漸進的で「有機的」な発展の方がよいと強調する態度、さまざまな文明や伝統的生活様式のもつ特有の性格を強調して、それらすべてに画一的で同一の方法を適用することは望ましくないと強調する態度、世襲貴族政や、熟練を要する相伝の仕事や職業が価値あるものであり、機械的平等は悪であると強調する態度――確かにこれらすべてが、すでにもっとたくみにかつ雄弁にバークによって語られていたし、ヘーゲルおよびその学派によって統合され、壮大で通観的な形而上学的ヴィジョンにまでなっていた。彼の教えの自由主義的側面についていえば――個人の自由の擁護と司法の中立性と独立性の主張、さらに、国民の間においても個人の間においても同じように、人道にかなった礼儀正しい交わりが必要であるとすること――これらは、トクヴィルとミルに始まり、ジョレスとウィルソン大統領において感傷的な絶頂に達した自由主義的雄弁のきまり文句となって、ずっと以前からすでに陳腐なものとなっていた。最後に、なかでも最もオリジナルな業績――各国の制度とその物理的心理的原因および条件の比較研究にもとづいて、社会学と人類学の輪郭を示したこと――があるが、これも、フランスの偉大な実証主義学派とこれに対するイギリスおよびドイツの反対者や賛成者たちによって、すでに、隆盛をきわめた高度の専門的学問《メチエ》となっており、彼らは、この名高い先駆者を敬意と好奇心をもって振り返りはしても、それ以上のことはしなかった。というのも、彼の学問は、警句と公理のたんなる寄せ集めにすぎなかったからであった。事実の間違いは、途方もなく多かったし、社会の歴史は、逸話の羅列にすぎなかった。彼の一般化は信頼に値するものではなかったし、概念も形而上学的にすぎ、彼の仕事は、部分的には、そして定評のある文学の傑作においては示唆に富むものではあったが、全体としては、体系性を欠き、矛盾だらけで、遺憾ながら所々は浅薄でもあった。彼は要するに立派な先駆者であり、トーガをまとって凝然として立ちつくすアウグストゥス帝時代の肖像のごとき人物ではあったが、それ以上のものではなかった。彼の直接の後継者であるルソーやカントやヒュームやベンサムが言ったことが、今なおひとびとの心を揺り動かし、熱っぽい議論をひきおこしているのに対して、モンテスキューの方は、主として、魅惑的作品『ペルシア人の手紙』の著者として、また、観察力が鋭く、教養の高い、懐疑的なお殿様として、さらにまた、いったんは画期的な著作として称讃され、その時代には広汎な影響力をもちながらも、出版されて一世紀後には、思想史における巨大な化石とみなされ、過ぎ去った時代の記念碑とみなされるにいたった『法の精神』の著者として、記憶の対象であるにすぎなかった。以上がおそらく、コントやバックル、ハーバート・スペンサーやデュルケムの意見であった。そして今日では、これらのひとびと自身が半分忘れられかけている存在であるが、彼らの意見は、その頃には誰もわざわざそれを否定したり、それについて疑いを持つような者はいなかったのであった。しかし、こうした意見が当時どんなに正しいと考えられていたにせよ、私は、今日なおそれがもっともな意見だとは思わない。いやそれどころか、私は、モンテスキューの考えは、一九世紀の彼の後継者たちの考えよりも、はるかによく、今日のわれわれの状況に適していると言いたい。現代のきびしい見方からすれば、時代遅れに見えるのは、モンテスキューの考えの方ではなくて、むしろ一九世紀の彼の後継者たちの考えの方なのである。

二

さてまず、いくつか周知の事実から始めよう。シャルル＝ルイ・ド・スゴンダ、ラ・ブレード男爵は、ボルドー近郊のラ・ブレード城に生まれた。一六八九年一月一八日である。父は地方の役人で、母は信仰心のあつい婦人であった。たまたま、城のそばを通りかかった一人の物乞いが彼の名付け親にえらばれたが、これは、貧しき者が兄弟であることを生涯忘れさせせぬためであった。彼は小作人に育てられ、司祭から教育をうけた。若い頃は自然科学をかじってみたが、それは物理学的というより生物学的なものであった。三二歳の時、彼は『ペルシア人の手紙』を書き、作家としての第一歩を踏みだした。この小説は、フランス社会とローマ教会に対する大胆であざやかに書かれた愉快な風刺と受けとられたもので、当時流行の懐疑的な小説より恐らく勇敢ではあるが、基本的にはそれほど違いはないものであった。当時のそうした風潮は、すでにルイ一四世の死後、一般的となっていたものであった。彼は、地方の法服貴族のおきまりの経歴をたどったが、一方で文人でもあった。彼は、伯父からモンテスキューの爵位とボルドー高等法院長の役職を相続し、順当に、ボルドー・アカデミーに選出され、後にはフランス・アカデミー会員に選ばれた。彼の領地と司法官職によって生活を固めると共に、時折はパリの知的サロンに出かけたりした。そして、四〇歳の頃から、二〇年後に彼の名を世界的に有名にすることになった著作の執筆にとりかかった。この著作が完成してから七年後、彼は世界中から惜しまれ、たたえられつつ、パリで死去した。

明らかに、彼は、自分が途方もない大発見をしたと思いこんでいた。彼の言によれば、光が時折あらわれるかと思うと、また暗闇の中にかくれてしまう、そういう長くて苦しい思想的模索ののち、彼は突然、すべてを明らかにし、それまではバラバラで無秩序のように見えたさまざまの事実を、ひとつの明晰かつ合理的な秩序にしたてあげる中心原理を直観したのであった。(2) 彼はこの啓示の瞬間を、回心を経験した他のひとびとと同じように語っている。デカルトやヴィーコ、ヒューム、ギボン、ルソーも、同じような言葉で、彼らの世界観を一変させた決定的瞬間のことを語っている。

モンテスキューのようなきまじめで懐疑的な男を、そこまで深くつき動かしたものは、一体何であったのだろうか。彼の生きた時代においては、合理主義的思想家たちは、世界は二つの領域に分割されると考えていた。ひとつは、自然の領域であって、その法則や原理はついに発見されたため、空間におけるあらゆる微分子の運動は、少数の単純な法則と演繹法の規則によって説明できるとされた。いまひとつは、人間の習慣や制度の領域であって、そこではすべてがまだ未知で未踏であると考えられていた。人間の世界を見渡すと、そこは、やみくもな運命や不合理な力、幸運や悪運、専制君主の気まぐれや、やま師や、大衆の情念が、活動する舞台であった。そこは、明晰判明の名に値するものによって支えられるのではなく、非合理的な方法によって行なわれる形而上学的、神学的説明にゆだねられた領域であって、迷信家ややま師および彼らにだまされたり、そのとりこになったりしているひとたちの恰好のあさり場でしかなかった。こうした考えは、反教会的立場にあるひとびとの標準的な態度であった。当時の合理主義者たちの著作は、ルイ一四世の晩年における教会の検閲によって抑圧されたため、醜聞の暴露にその方向が向けられていた。デカルトが、真理を探究する者にとっては興味がないとして、歴史や人文学一般を放擲したことは、別に驚くにあたらない。正しい結論とは、厳密な定義や明晰判明な規則や公理から、疑う余地のない妥当な方法によって演繹されると考えられたのであり、したがって、こうしたたぐいの問題には、こうしたことはあてはまらないと思われたのである。デカルトは、歴史とはつまらぬ噂話と旅行者の伝聞との織りまぜだと言い、退屈しのぎになるだけだと言った。ヴィーコは確かに、歴史のこの一見迷路と見えるものにも一本の筋が通っており、彼が発見した新しい原理によって、バラバラの史実を有機的に統一できると主張していた。しかし、彼は無名で貧乏なナポリの隠者であって、フランスで彼の著作を読んだ者は皆無といってよく、当時、彼に注目する者は誰もいなかった。モンテスキューが、ヴィーコの『新しい学(*Scienza nuova*)』を読んだという話は、ただの伝説にすぎないと思われる。モンテスキューは、前世紀に、自然科学者たちが物質の運動法則を発見したのとほとんど同じように、あたかも彼が人類史上はじめて人間社会の運動を支配する基本法則を発見したかのように語っている。彼は法制度の起源について語るが、その意味するところは、明らかにはるかに広いものである。つまり彼は、個々の人間社会が存在するための全制度的枠組を語っているのであって、法律制度だけではなく、それぞれの社会の、政治的、宗教的、道徳的および美的な運動のさまざまな類型とその発展法則とを語っているのである。これらがひとたび把握されるなら、人間についての科学は可能となる。これからは、合理的な政治学がつくられうるし、彼(モンテスキュー)にとってもっと深い関心事であるもの、つまり、支配者と被支配者双方の行動が、それによってテストされうることになる。社会にかんする科学的技術が精密に開発され、経験と観察から導かれる原理にしたがい、目的にふさわしい手段が選択されうることになる。

モンテスキューは、人間の不幸の原因が、多くは、未知への恐れや、無知と迷信からくる無気力にあり、ほら吹きや権力を求める者たちが、あらゆる分野でこれらを巧みに利用することにあると考えた点で、時代の子である。人間関係にかかわるすべてが、不確かなものと偶然に支配されているという、そうした無気力な考えはきっぱりと捨て去ることができるし、また、捨て去らなければならない。ちょうど、物理学や生物学の領域における発見が、建築技術や医術のようなまったく異なった技術に変化をもたらしたように、彼の人間社会についての大発見によって、最も広い意味での統治技術は大きく変わるべきだし、社会は、自然の力や人間自身の不徳と愚行のなすがままに放置されるのではなく、人間がみずから自分の運命を左右できるように作られなければならない。この目的にむかって、社会は体系的な方法で研究されねばならず、それは、解剖学者が人体をしらべたり、動物学者や植物学者が動植物の行動を確かめたりするのと同じである。有名な一節の中で、モンテスキューは、彼の仕事の土台となるべき中心的な考えを次のように述べている。「人間は多くの事柄、すなわち、気候、宗教、法律、政治の行なわれ方、過去の事例、習慣、習俗に支配されている。そして、これらの事柄による影響力の組み合わせから、一般精神が生まれる。(3)」社会は、それぞれ相異なる諸要素の偶然の集合体でもなければ、人工的な建造物でもない。社会は、自然的発展によって形成されるのであって、人間が従うべき法律は、この発展の性質に一致するものでなければならない。人間の生活は多様な原因に支配されており、そのあるものは変えられないが、あるものは変えられる。しかし、その変化の過程は、通常緩慢であり、時には非常な困難をともなう。

人間の社会は、みなそれぞれに異なる。だから法律は、

それらが作られた対象であるひとびとに適しているべきなので、ある国民の法律が、他の国民にもふさわしいというようなことがあれば、それはまったくの偶然というべきなのである。[……]法律は国の自然的諸条件に適していなければならない。すなわち、気候の寒冷、暑熱、温暖に、国土の地味に、その位置と規模に、農耕民族であろうと遊牧民族であろうと狩猟民族であろうと、その生活様式に、適していなければならない。法律は国制が許しうる自由の程度に、住民の宗教に、彼らの性情、富、人数、交易、習慣、習俗に適していなければならない。最後に、法律は、法律相互間にも関係する。それらの起源、立法者の目的、立法の基礎にある事物の秩序にも関係をもっている。以上すべての観点から法律は考察されねばならない。これが、この本の中で私の行なおうとしている目論見なのである。私は、これらすべての関係を吟味するであろう。そして、これらの関係がいっしょになって、いわゆる法の精神をかたちづくるのである。(4)

　以上が、社会学と人類学と社会心理学という新しい学問の原理となるべきものであった。モンテスキューが、何故あれほど深く自分の発見に興奮したかは、これで理解できよう。世界を支配するものは、神でも偶然でもない。ボシュエも懐疑主義者も、ともに間違っている。人間の行動は、個人でも集団でも、原則的には理解可能である。もし、いろいろの事実が辛抱強く、またかしこく観察され、仮説がたてられ、確かめられ、法則が打ちたてられるならば、それは理解可能である。そしてそこに、かつて物理学や天文学や化学上の大発見にともなったのと同じ程度の天才と成功が、そして間もなく、生物学や生理学および心理学の領域においても、同様の勝利がもたらされそうに思えたのと同じ程度の天才と成功が、何故期待されてはならないのだろうか。物理学の成功は、楽観主義に根拠をあたえるように思われた。ひとたび、妥当な社会法則が発見されたなら、合理的な組織が、あてずっぽうでおざなりな組織にとってかわり、人間の希望は、自然のもつ一様性の限界内で、すべて原則上は実現されるにいたるであろう。これほどの自信は、一八世紀を除いてほかには存在しなかった。エルヴェシウスやコンディヤック、ドルバックやコンドルセ、もう少し条件付きでは、ディドロやチュルゴー、ヴォルテールやダランベールなど、彼らは、理想の実現が見える新しい時代の入口に立っていると信じていた。敵の力はまだ強いが、科学の進歩によってだんだんに、否応なくそれは嘲笑の的となり、無力になっていくだろう。しまいには、科学的知識の発展途上に立ちはだかるものは何もなく、知識だけが人間を幸福にし、有徳にし、かしこく、自由にすることができよう。このような勝利の福音は、フランスのサロンをはるかに越えて進軍し、ほとんど全ヨーロッパの国々や、ロシアにおいてさえ共鳴をうるにいたった。圧制がひどければひどいほど、未来は、ますます輝やいてみえた。当時、最も自由で開けた国としてあこがれの的であったイギリスでは、それほどの熱狂を呼んだわけではなかったが、ここでも、啓蒙の教義は、多くの好意や同感をもって迎えられた。この教義のアメリカでの顚末については、ほとんど話す必要はない。ルソーやマブリーは、道徳的立場から、この教義の唯物論的な側面を攻撃し、宗教的立場からは、ひとにぎりのカトリック神学者や、プロテスタント神学者が攻撃を試みたが、一八世紀末に至るまで、これに対していかなる重要な知的反論も、ほとんど提起されることはなかった。中世以来、西ヨーロッパの思想が、これほどの一致団結をなしとげたことはなかった。一九世紀の社会的楽観主義も、時には高揚をみたが、それとても、ルイ一五世時代の初期に、誕生と同時に絶頂をきわめたこの思想に匹敵するものではなかった。

モンテスキューは、ある意味では、啓蒙思想の創始者の一人と見ることができるが、しかしかならずしもこの気分を共にしていたわけではなかった。彼の著作のすべてにわたって、懐疑的な色合いがみられ、それが、彼よりもっと真面目で熱烈な改革論者たちの不興を買うことになった。特殊な政治的あるいは社会的問題にかんする彼の意見のあるものは、百科全書派のひとびとをいらだたせ、彼の理想を疑わせる原因になった。例えば、若い友人エルヴェシウスが、当時のフランスの国家と教会の双方がもたらす不正と残酷、不寛容と腐敗、無知と愚昧を攻撃するのを、モンテスキューが、いかに暖かく聞きいれたかもしれないにしても、明らかに彼は、エルヴェシウスのより積極的で革命的な教義にはほとんど共感を示さなかった。当時および一九世紀の批評家は、それを彼の臆病さと性来の保守主義のせいにしがちであったが、今日、その理由は、われわれにとってよほど明らかになってきている。

三

気質から言うと、モンテスキューは経験主義者であって、できるものならどこでもいつでも、すべてを自然主義的な方法で説明しようとする。彼も、ある種の形而上学的な概念、例えば自然法とか自然の目的とかいう概念を受けついではいるが、これは、当時の教養あるひとびとのほとんどに共通することで、彼らがそうした概念からまったく自由だと言っている場合でもそうである。にもかかわらず、モンテスキューが主として強調したことは、観察のもたらす成果であった。彼は、生涯をつうじ、好奇の眼でこと細かく、飽くことを知らずに観察をつづけた。旅行記や歴史についての素描、あるいは、多種多様にわたる話題について書き散らした覚え書は、微にいり細をうがって、生き生きとし、洞察力に富んでいる。彼は、ただそれだけのために自分が見たことや学んだことに心を奪われてしまい、それが仮説の証拠になるのか、彼の強調したい教訓に力を添えることになるのか、とかいったことには無頓着であった。だから、彼の著作には、枝葉末節や傍白のたぐいが非常に多い。それで、体系的で論理的に構成された政治論を期待したり、事実はもっぱら総合や法則に必要な資料としてだけ役立つと考えるひとびとには、ただの気晴らしにすぎないのではないかと思わせることになるのである。一見したところ、モンテスキューもそうした法則を追求しているのであるが、実際は、具体的な細部に没頭している。これだけが、彼にとっての実在なのである。彼の性格描写や状況描写は、様式化されておらず、当世風の風刺画でも理想化でもない。『ペルシア人の手紙』に登場するペルシア人は、本国でも外国でも、素朴な野蛮人ではなく、悪意をもった化け物でもない。ユズベクとリカは、彼らの描写するパリのひとびととくらべて、ことにすぐれた人間でもなければ、また、ことにおとった人間でもない。しかし、それでもやはり非常に違った人間なので、ある文化においては、自明で正常なものが、別の文化においては、つむじ曲がりでこっけいに見えるのである。つまり、あるひとびとの顔だちは、他のひとびとと違うものとしてひどくくっきりと――しばしば反語的に――浮き彫りにされているのであるが、それも意識的に誇張されているのでは決してないのである。このように、話の筋の中に、時々、挿話をさしはさむ手法は、『法の精神』でも用いられている。著者は、あまりにも個々の事実や出来事に、ただそれだけのために、夢中になりすぎ、その結果、それらの事実や出来事が、かえってその任務である仮説の証明に役立たなくなってしまっているのである。これまで多くの努力が、『法の精神』の各章の間に何とか体系性をみつけ、説明しようとしてなされてきた。見た目には、この著作は、多種多様な話題についての論考からなる無形の集積にすぎず、そこに一貫した体系があるとはとても見えないからである。あれほど多くの学者や注釈者がはらった真面目な努力をとやかく言うのは、狭量すぎるというものだが、それでも、皆とまでは言わないが、それらが創意の向けどころを誤っていたのではないかと思われる時がある。モンテスキューは、体系的な哲学者ではなく、演繹的な思想家でも、歴史家でも、科学者でもない。彼の偉大な功績のひとつは、まさに次の事実にある。それは、彼はデカルトの精神にもとづいて新しい科学を創設しているのだと揚言したけれども、彼の実際に行なった仕事の方が、彼の揚言よりもすぐれているということである。実際、彼はその種のことは何もやっていない。それは、資料がそうさせないのを、彼がわかっていたからである。その結果、一方では、社会的事実の調査が、彼のめざした仕事に不可欠であることを知るとともに、同時に彼は、前もって作られた型――それが形而上学的なものであれ、帰納的なものであれ――に資料をはめこもうとすることが、実は非常に不自然なやり方であり、個々の事実のもつ本来の性質にもとること、そして、後に社会学があまりにもしばしばそうなってきたように、結果においていちじるしく不毛になることを、おぼろげながらさとるにいたる。実際、彼は、事実上これと同じことを、次のように述べている。「人間のもろもろの感情を体系に還元しようとすることほど大きな誤りはない。明らかに、最も悪い人間の見本は、本の中に出てくる。そして本は、たいていは間違っている一般的命題のかたまりみたいなものである。」(5)

しかし、もし人間の感情が一般的命題に還元されえないとするならば、いったいどうすればよいのか。新しい発見は、周到に集められた事実を総合することによってなされ(一世紀後に、例えばオーギュスト・コントとか、ハーバート・スペンサーによって唱導された方法にしたがって)、その上で、政治学者や法律の実務家や役人の関心事である、具体的事例に適用されるというのでないなら、いったい発見の存在理由は何にあるのだろうか。デカルト的方法について語っているにもかかわらず、モンテスキューは、彼自身と後世のひとびとにとっては幸いにも、それを用いはしない。彼の行なったことは、むしろ、仮説や仮説的原理を進めることである。観察によってまだ完全には確証されていないものを証拠としてあげて、それらの仮説を擁護したり、使用したり、あるいは他のひとびとに使用をすすめたりすることである。そして、その際彼は、彼のいわゆる理性、すなわち仮説の最良の判定者である理性の光に照らして、問題の内容そのものが必要とすると思われる方法で、これを行なうことをすすめるのである。それは機械的ではないし、経験的方法によるのでもない。もしそうした方法なら、例えば、化学的方法や物理学的方法が、大部分そうであるように、原則的には、有能だが平凡な実務家でも学ぶことはできるであろう。モンテスキューの原理は、周到な帰納からの結論というより、金言とか警句に似ている。だから彼は、例えば、人間は生まれながらに社会的動物であるというような、彼の論題全体に基本的にかかわる命題については、あえて真剣に論証しようとはしないし、またそれゆえに、人間が集まって社会を作る理由を説明するのに、社会契約というホッブズの仮説を使う必要ももたないのである。彼はただ、たいした議論もせずに、ホッブズのいう、敵対的で、孤立的で利己的な、自然状態の人間というのは神話であって、社会の起源をとくに説明する必要はないと主張するだけである。何故なら、社会は、相互の殺し合いを防ぐための人為的工夫の結果とか、あるいは、安全ないし権力を求める熟慮の結果とかではなくして、鳥やけものの群れと同じく、生物学的法則の結果、自然に出現するにいたったからである。だから、戦争や、戦争への恐れは、ホッブズが教えたように、社会的結合がなされるための動因であるどころか、せいぜい社会が出現した後になって生じたものにすぎない。その時、他の人間と結びついた人間は、自分が十分に強いと感じて、権力を求める競争相手を支配し、打倒しようとする欲望から、つまり、それ自体必然的に社会的であり——共同生活の中からのみ生じてくる欲望から、他人を攻撃するのである。モンテスキューは、さらに、人間の社会を、孤立した原子としての人間の配列とか、意識的な計画によって作られる人為的な組織体と見るべきではなく、固有の運動法則をもった、もっと生物学的有機体に近いものであり、社会を人為的な集塊としてではなく、統一体として捉える人にのみ観察できるものと考える。(6) ひとつひとつの有機体としての社会は、ある点で他の同種の有機体とは異なるであろう。もし、それにおよぼすさまざまの物質的および精神的(彼の言葉では、道徳的)影響いかんを知りたいなら、ひとつひとつの有機体をそれぞれに考察しなければならない。そうした物質的および精神的影響自体が、それに適した地理上の位置、気候、大きさ、内部組織、発展段階などの違いに応じて、違ってこよう。無論、人間は多くの精神的特性を共通して持っている。彼らは、自己保存とそれに必要なすべてを求める。彼らは、社会的結合を求めるし、統治を必要とする。あるいはまた、さまざまの肉体的および精神的欲求の充足を求める。しかし、もっと重要なことは、人間の違いの方である。というのは、まさに人間が違うということから、さまざまな人間社会の発展の違い、制度や考え方の違い、肉体的、精神的、道徳的特徴の違いが説明できるからである。モンテスキューは、人間一般という概念を嫌う。これは、バークやヘルダーのような後代の思想家や、現代の文化人類学者と同様である。「私は、フランス人やイタリア人やロシア人には会ったことがある[……]だが、人間はどうかというと、断言してもいいが、そんなものにはいままでお目にかかったことがない」[7]と言ったのは、ド・メストルだったが、モンテスキューが同じことを言ったとしても、もっともだったであろう。そしてさらに、「自然」とは、そうした意味での人間には分らない淑女のようなものであると付け加えたかもしれない。この種のことは、たしかヴィーコも言ったことがあったが、前述のように、彼の著作をモンテスキューは、まったく知らなかったと思われる。一世紀後に、ヴィーコの著作が有名になるころまでには、彼が、大胆に——しかし表現の上では、時にあいまいで混乱していたが——発表した独創的な真理は、すでにヨーロッパの教養人の共有財産となっていた。それは、主としてモンテスキューその人と彼のドイツおよびフランスにおける後継者たち——ヘルダーおよびドイツ歴史学派、そして後には、サン・シモンの影響をうけたフランスの新しい社会歴史学派——の影響によるものであった。これらの真理は、大胆かつ実り多い概念であったが、なお道徳目的に支配された大ざっぱな概念とバラバラの観察にもとづいており、モンテスキューと同時代のビュフォンやリンネのように、周到かつ徹底的な、道徳的には無色の研究にもとづいたものではなかった。

しかしながら、体系的かどうかは別として、人間社会はまず第一に、物理的要素によってその姿が形成されたが、社会の発展につれ、物質的原因よりも精神的原因によって、より直接に、より深く変化をこうむったと主張するのは、新しい説であった。植物学者が人間社会について述べるように、モンテスキューは、彼の分類する有機体としての社会の理念型を述べている。社会を、君主政の社会、貴族政の社会、共和政の社会、専制政の社会にわける有名な分類は、彼がアリストテレスの政体分類に改良を試みたものである。分類としてはこれは、明らかになお多くの欠陥を持っている。しかしその重要性は、彼の使った概念が、どの程度、豊かな分析方法や予測方法をもたらしたかということにあるのではなく、次の事実に、すなわちこの種の分類が——物理学の完全物体に似た理念型モデルを用いることにより――その後、ヘルダーやサン・シモン、ヘーゲルやコント、デュルケムやマックス・ウェーバーの社会学的、歴史学的分析の中に、大きな足跡を残すことになった、という事実にある。

モンテスキューの類型概念は、経験的ではなく、その源泉は、自然界の種、属にかんする古代の学説にある。それは完全に形而上学的でありアリストテレス的である。彼によれば、それぞれの類型をもつ社会は、ある内的構造、内的活動原理ないし動力をもち、それが社会をそのように活動させる――そして、この「内的」力は、社会の類型によってそれぞれ異なる。何であれ「内的」原理を強化するものは、有機体としての社会を繁栄させ、それをそこなうものは、何であれ社会を衰亡させる。これらの力について彼が作った目録は非常に有名である。君主政は名誉、貴族政は節制、共和政は徳性(すなわち公共精神や愛国心《シヴィズム》、ほぼ団体精神に近いもの)、専制政は恐怖、という原理にもとづく。モンテスキューは、有機体としての社会を、アリストテレス風に、目的論的な――目的をもった――全体、つまりエンテレキーと考える。そのモデルは、生物学的であって化学的ではない。彼の考えによると、これら社会の内的原動力が、社会を内的目的に向けて動かし、それによって社会は、自らの本性を実現するにいたるのであり、社会はこの内的目的によってのみ理解されうる。これが有名な「内的」力の概念である。それは目的因による機械因の代用であり、すでに新しい科学によって棄て去られ、モリエールが、『町人貴族(*Le Bourgeois Gentilhomme*)』の中で、いともあざやかにもじってみせた概念である。しかも、モンテスキューは、彼の均整のとれた図式を擁護するため歴史を援用するが、これも、シュペングラーやアーノルド・トインビーが、自己の倫理的ないし神学的体系を客観的法則のごとくよそおって提示しようとしたまったく同じような努力とくらべて、説得力の点で優るものではない。

モンテスキューは、社会の原型についての彼の概念が、観察から得た統計資料にもとづいたものだとは言っていない。それは、経験的資料にもとづいた、訂正しうるような仮説ではないからである。しかし、彼はこの概念に限りない重要性をもたせている。彼の歴史哲学全体が、以下のような中心概念を基礎としているからである。すなわち個人や国家が衰亡するのは、その固有の「内的」構造の命ずるところに背くときであるという概念である。それぞれの国家や人間社会は、まず第一に物質的原因によってつくられた、それ自身個別的で独特かつユニークな、それにふさわしい発展の道をもっている。それゆえ、為政者の仕事とは、この構造がどのようなものであるか、したがって、どういう特別の規則だけが、これを保持し強化するか、を理解することである。こういう内的構造のあり方が、有名な関係——「必然的関係」(8)——といわれるものであり、もし法律制度がその任務を果たすためには、すなわち、所与の社会の人間を十分健康で幸福で有能で、自由かつ正しく生きさせ、さらに、多かれ少なかれ当然望ましいと思われる他の属性を彼らに用意してやるためには、適合しなければならない関係なのである。その直喩は、ギリシャ古典哲学においてしばしばそうであるように、医学的である。立法者や為政者や判事、それに、どんなかたちにせよ、社会問題にかかわるすべての者の仕事は、社会の健康を保ち、維持し、増進させることである。では、その健康とは何に存するのだろうか。こう尋ねることは、人類の目的とは何であるか、そして、いろいろなひとびとあるいは社会の目的が互いに衝突する場合、どうして調停すべきか、いったい、相異なる利害は調停されうるのか、それとも調停されるべきなのか、と問うにほぼ等しい。モンテスキューは、その答の中に、幅広い差があることを知りすぎるほどよく知っていた――宗教思想や哲学思想は、それぞれさまざまに、ひとの目指すべき、あるいは実際ひとの求める、あるいはひとが理性的なら、あるいは何が正義で何が真実かを知ったなら、求めるであろう究極の目的をはっきりさせようとこれまでつとめてきたのである。だから彼は、当時のキリスト教神学者のすすめる目的を即座に拒否する。彼にとって、宗教とは、自然の原因によって生ずる他のどんなものとも同じ自然の現象であって、この自然の原因がこれまで、ヨーロッパ北部においては、新教と寛容を、南部においてはは、旧教と迫害を、東部においては、イスラムと静的狂信、等々を産んできたのである。彼は、必要をつくり出し、それと共にそれをみたすための制度をつくり出すこれらの原因――暑さ寒さ、雨の多い気候と乾燥した気候、土壌の肥沃と不毛、海から遠く離れていることと山岳に近いこと――を懸命に調査しようとする。

では、どうしたら人間の制度や立法や生活形態の価値を評価できるのだろうか。彼に味方する者も反対する者も、彼はただ観察し、記述するだけで満足しているというのが普通であるが――政治的に特定の立場をもったひとびとは、モンテスキューの時代と現代とをとわず、たぶん、これほど超然とした態度は、道徳的にはほとんど卑劣で、おそらく危険であるとすらみなすだろう――、しかし、これは間違っている。彼の論調はおだやかで、彼の言葉は、彼がかつて言ったように[9]、いかめしく、もったいぶった神学者が、乱暴に地面に叩きつけられるのを見て読者が喜ぶのではなく、彼らがだんだん底なしの深い穴の中にずり落ちていくのを見て喜ぶように意図されていた。しかし、彼は、道徳問題については、当時のもっと熱心な論客たちに勝るとも劣らないくらい、深くまた直接的に関与している。ただ彼らと違うのは、道徳行為の問題についてどう考えるかというよりは、どう解決するかという点においてであり、無論、議論の抑揚と平静さの点においてである。彼は、当時の功利主義が用いた唯一の判断基準すら吟味しない。彼は不用意に、人間は自己保存するよう生まれついているとか、[10]「幸福と不幸は、人体の諸器官の、好都合なあるいは不都合な、ある配置の工合に存する」[11]とか、「利害は、この世でいちばん強い王だ」[12]とか書いてはいる。しかしこれらは、一八世紀のほとんど大部分のモラリストに共通する典型的格言である。彼は、幸福とかある特殊な欲望の満足が、唯一の目的であるとはどこにも言っていないし、示唆してもいない。また、その追求がどんなに無知で誤ったかたちで行なわれても、それが人間の行動の唯一の動機であるとは、どこにも言っていないし、示唆もしていない。一八世紀を大いに騒がせたこれらの問題に対する真の解答は、モンテスキューには、明々白々に思われたので、彼は、示唆する場合のほか、それをわざわざはっきりと公式にして述べるようなことはしなかった。それぞれに異なる社会は、明らかに、異なる目的を追求する。社会が、それらの目的を追求するがゆえに、社会の「内的」原理が、環境に対してそのように反応するがゆえに、社会はそれらの目的を追求するのである。ひとびとが互いに似かよっていて、同じような条件の中で生活していると、それに応じて彼らの目的も似かよってくるだろう。ひとびとが互いに違っていれば――この方が、似かよう場合より彼の興味をひくのだが――彼らの目的もそれに応じて違ってくるだろう。彼は、ほかのひとが気づいている場合でも、そこに問題を見ようとはしない。医者はふつう、結局のところ、良い健康とは正確にいって何にもとづくのか、そしてその理由とは何かなどと自問したりはしない。彼は、それは自明であると思う。そして、健康で健常な人体と、病気あるいは異常な人体との見分けがつき、さらには、ある種の人体にはよいものが、他の人体には致命的かもしれないこと、ある気候においては必要なことが、他の気候においては不必要ないし危険であること、を知っているから、自分は医者だと言う。同じようにモンテスキューは、政治的健康や道徳的健康という観念は、分析を必要としないくらいわかりきっており、これが存在する時、それはまったく明らかであり、そして、理性的だということは、それをそのまま認め、その徴候を知り、それに関連した病気の治し方や、人体の維持の仕方を知ることである、と思っていた。

確かに、自分とはまったく異なる人体の要求と習慣を把握するには、すぐれた想像力に富む洞察が必要である。『ペルシア人の手紙』のもつ目立った特徴のひとつは、モンテスキューがペルシア人の旅行者に、まれにみる新鮮な眼でフランスやヨーロッパの制度や習慣を眺めさせ、パリやローマにおいては自明で自然とみなされることが、彼らにとっては、ちょうど、ペルシア人の習慣が、同じように大なり小なりの理由で、同様に偏見をもったヨーロッパ人の旅行者にそう見えるよう、風変わりで、おかしく、馬鹿げて見えるよう描いてみせたことである。これが、モンテスキューの名高い相対主義である。

これは、ありとあらゆる人間に、どこにおいても妥当するようなひとそろいの価値など、ひとつとしてありえないという信念であり、あらゆる国の社会問題や政治問題に妥当する解決策など、ひとつとしてありえないという信念である。この相対主義のおかげで、彼はこれまで、正義について確信のない、そして道徳的あるいは政治的行為の客観的基準を提供することのできない、道徳的懐疑主義者であり、主観主義者である、と見なされてきた。しかしこれは、彼の考えに対する誤解である。モンテスキューは、可能な限りもっとも広い意味における、社会衛生法とも言うべきものを信じていた。彼は、ひとびとが、進歩をなす要素や、社会的連帯や、人間の弱さや、社会の堕落について、十分に理性的で冷静であるなら、彼らの間に大きな不一致が生まれたり、あるいは生まれる可能性があるとは考えなかった。ローマ人の盛衰について書いた著作の中で、彼は、ローマを滅亡させた原因として、ローマ共和政の中心的「原理」にローマが背いたという事実を指摘している。共和政は、それが一定規模の大きさにある時にのみ健康であり、その市民は、共和政に固有の制度が、健全に手入れされている限りにおいてのみ、肉体的欲望および精神的欲望を、ほどよく満足させることができるからである。こういうわけで、ローマを滅亡させたのは、やり過ぎたこと――帝国主義的に領土を拡張しすぎたこと――であり、個人の専制が、「共和政の徳性」にとってかわったことであった。そして、この個人の専制は、共和政体の「内的」原理に反したという罪に直接由来する結果であった。彼は、こう言いながらも、自分の説明はどのくらい妥当なものなのだろうかと、内心あやぶんでいたかもしれない。しかし彼は、そこに含まれているいろんな評価——例えば、ローマ帝国の滅亡は、実際は三世紀だったとか、四世紀だったとか、五世紀だったとか、あるいは、もちろんヘーリオガバルスの方が、多少楽しい思いをしたかもしれないけれども、キケロになる方が、ヘーリオガバルスになるよりよい——もっとやりがいがある——とかいうたぐいについて、誰かが問題にするとは思いもしなかった。

モンテスキューは、この問題に対する自分の独創的な貢献は、国家や社会の興亡の「有機的」原因を説明したことであり、自分のとくにあげた業績は、普遍的な解決が不可能であることを立証し、ある状況下にあるひとびとに善であるものが、手段の違いばかりでなく、目的の違いからも、かならずしも同じように、違った条件下の別のひとびとに善ではないということ、そして、ある社会は、ただたんに、その必要や、それを充足する方法が違うからという理由だけでは、かならずしもそれが、他の社会よりも優れているとはいえないということ、を説明したことだと考えた。彼の心にまさか、ひとしく文明化したひとびとによって、究極的価値そのものの違いが問題になるかもしれないとか、知識と想像力——とりわけ、自分たちとは非常に違う諸条件を想像することができるほどの歴史的共感ないし人類学的共感——を持ちあわせた、等しく理性的な二人の人間が、さまざまな目的について言いあらそい、お互いの道徳的概念を、客観的に、また論証できるほど、間違っているとか不正であるとかいって排斥しあうことがおこるということが、浮かんだとは思えない。彼にとって合理的であるということは、目的に対して手段をいかに適用するかの知識や歴史的因果関係——とくに社会構造が成長し、凝集し、衰亡する仕方——について十分に把握することだけではなく、自然と人間との相互作用のあらゆる分野を理解すること、どういう欲望や活動が自滅的で自殺的であるのか、どういうものがそうでないのか、を理解すること、多種多様な条件においてひとびとが追求する多種多様な目的を理解すること、さらに、もしそうした目的が互いに衝突する場合、どうしたら時には和解ができるか、あるいは、もし完全には和解できなくても、それらの間に妥協は可能なのか、それとも不可能なのか、を見つけ出すこと、でもあった。これらの目的のうちのあるものは、疑いもなく、他の目的より普遍的であり、それを追求するひとびとの本性により深く根ざすものであった。これは、観察、つまり事実研究の問題であった。異なった社会が、異なった環境のもとで実際に使用する基準を越えた、究極的で普遍的な基準などはありえなかった。したがって、それらの目的自体を、判断したり、是認したり、非難したりするために、ただひとつの、あるいは複数の判断基準を探し求めるなど、無意味であった。彼は、ヒュームのように、ひとびとの是認するものだけが善であるとか、正義であるとかとは言わなかった。彼はあまり感情に注意をはらわなかったからである。彼にとって、道徳的および政治的な価値は、明晰に表現された思想ないし意見においてよりも、むしろ行動においてはっきりとあらわれるものであった。もしそれらの価値が、環境に適合していれば——それらが一定の社会の本性にふさわしく、自滅的でなければ——それらは批判されるべきではなかった。「善、美、高貴、偉大、完全というような名辞は、対象について考えをめぐらすひとびととの関係でいわれる対象の属性をいうものである。この原理をしっかり頭においてほしい。これは、ほとんどあらゆる偏見をぬぐい取ってくれる海綿のようなものだ。」(13)

客観的目的の概念がない場合、その相関語たる主観主義は、ほとんど無意味である。こうした態度は、懐疑的でもなく、さりとて道徳に無関心でもない。もしこれが、道徳問題に主として関心をもたない人間に属する態度だというなら、あるいは、ひとびとが喜んで命を捧げる目標や原理を、あまり深くつきつめて考えない人間に属する態度だというなら、これに答えて言えるものは、ほとんどない。モンテスキューの立場は、この問題にかんしては、アリストテレスに酷似しており、多分、パスカルやドストエフスキーの信奉者よりも、役人や法律家に共有される立場であろう。

世界を改良しようと望むひとびとは、事実をたんたんと記述するのを、もっとも嫌う。エルヴェシウスと彼の友人たちは、懸命になって、モンテスキューに『法の精神』の出版を思いとどまらせようとした。彼の名声を傷つけるだけだというのがその理由であった。エルヴェシウスたちにとっては、この本は、人間が犯した多すぎるほどのあやまちや逸脱を、細かすぎるくらい綿密に記述し、時間を浪費していると思われ、ほとんどあたかも、そうしたあやまちや逸脱がただ存在したという理由だけで、著者がそれらに何らかの価値を認めているかのように思われた。エルヴェシウスは、自分は二種類の政体しか知らない、良い政体と悪い政体の二つがそれで、前者はまだ存在するにいたっていない政体であり、後者は貧しい者のお金を富める者のふところへ移す政体である、と言明した。「真の政治学とは、存在についての科学ではなく、当為についての科学だ」[14]と、シィエス師は一八世紀末に言ったが、どうせ言うなら、これを五〇年早く言ってもよかったであろう。というのは、こうした考えは、一八世紀のほとんどすべての合理主義思想家の考えであるからである。知識人にふさわしい関心事は、科学であった。そして、科学とは、たんなる記述や体系化ではなくして、もっとも迅速かつ直接的手段により、事物をより良いものへ変える計画をもった実践的規則のことを意味した。これに対して、モンテスキューは、はっきりとは共感を示さなかった。彼は、性急と暴力を嫌い、信用しなかった。彼は、急激な改革に対する期待には水をさした。彼は、ただ存在しているという理由だけで、制度に価値を認めるように見えた。彼の価値判断は、すべてあまりにも控え目であった。彼は明らかに、行動をおこすことより理解することの方に関心をもっていた。なるほど、かつてスピノザがこういう態度を唱導したことがあったが、一八世紀においては、これは、彼の進歩の敵に対する闘いの、最も感心できない側面であった。そのうえ、モンテスキュー自身にしても、スピノザは決定論者であり、ひとびとが行動をおこすのに必要な熱情を抑圧しようとしたとして、彼を攻撃したことがなかったわけではない。しかしモンテスキューはその攻撃に付け加えて、ひとびとのそうした行動が悪ではなくて善であるにちがいないとまではいわなかった。だから彼は、行動が幸福に役立つことよりも、行動の類型を分類することに、より多くの関心を示したように思われた。「幸福について、彼は何も言っていない」[15]とベンサムは、エルヴェシウスをまねながら、憤然として言った。そして、ナポリの法学者、フィランジェリも、モンテスキューは、「なされるべきことよりもむしろなされてきたことを論じた」[16]と言って非難した。モンテスキューは、この種の批判にじっと耐えた。しかし、百科全書派のひとびとが彼に反対したのは、事実を事実のために記述するという彼のいつもの癖に対してではなく——彼らのうち最もすぐれたひとたち自身、このことに反対はできなかった——、彼の一見中立的な態度の裏にひそむ意味に対してであったと感じざるをえない。彼らは、モンテスキューが、永続性のある有益な社会構造は、めったに単純であることはないということ、政治的行動の広大な領域は常に非常に複雑かつあいまいで、理解のとどかないものであるということ、その一部の急激な変革は、ともすれば他の部分における予期しない結果を容易にもたらす恐れがあるということ、始めより終りの方が悪くなる恐れがあるということを、あまりにも強調したがっていると感じとったのであった。彼らにすれば、モンテスキューがたえず、本性にしたがって進み、ゆっくり用心深く行動すべきだと繰り返し言うことが、それは彼らの熱心な計画を妨害するつもりからではないかと感じたのであった。そして、「自然は常にゆっくりと動く」[17]という彼の助言や、「最も完全な」政体とは、「ひとびとをその性向、性癖に最も適するように導く政体」[18]であるという有名な定義は、まったくなまぬるすぎると感じた。それでも、以上のことすら、もしモンテスキューがさらにまた、かりに改革がほんとうに避けられない時でも、「ただふるえる手で」[19]、法律にさわらなければならないとか、もっと悪いことに、「裁判にともなう苦労や出費や［……］危険ですらも、それは各市民が自分の自由のために支払う代償である」[20]、とまで言わなかったなら、大目に見られたことであろう。ベンサムは、ふたたび怒りを爆発させて述べている。「猶予と形態に対する讃辞でできたかくれみのが、この五五年間使用されてきたのを私は見てきた。製造元の名前がその上に見える。法の精神製造所。会社の名称はモンテスキュー商会。これ以上便利なあるいは当世向きの商品は皆無だった。(21)」疑いなく、世紀の変わり目にベンサムを激怒させた悪弊と、一八世紀初期のフランスでモンテスキューが忌み嫌ったそれとでは、大きな違いがあった。しかし、そこにはまた、まぎれもない見解の相違がある。モンテスキューは、単一、精力、急激は、専制政治の属性であり、もっとゆるやかな社会組織と、もっとゆっくりしたテンポを必要とする個人の自由とは折り合えないものだ、ということを忘れることができない。

　もし破壊が必要であるとしても、ひとは少なくとも躊躇《ちゅうちょ》すべきであるし、不安を覚えるべきである。彼よりも急進的な改革論者は、当然のことながら、このことを信じず、モンテスキューは、科学的好奇心と開明的意見の外被をきた反動的傾向をもつ人物ではないかと疑ぐった。彼らもまんざら間違ったわけではない。(22)確かに彼は革命には反対だったからである。エカテリーナ女帝と、彼女にしたがったロシアの保守的思想家たちは、ロシアは「有機的に」独裁政治を必要としているという命題を守るため、モンテスキューの意見を引用することができたし、また事実引用もしたのであった。それに、彼の自然主義は、明らかに、伝統的な形而上学的信念の厚い層をいくつもふくんでいた。にもかかわらず、この反動主義者は、彼以前の他の誰にもまして奴隷制度を攻撃し、自殺や離婚や近親相姦を不道徳ないし不自然そのものと考え、宗教もたんに社会制度と見なしていたのである。

「[……]モンテスマが、スペイン人の宗教は彼らの国にふさわしく、メキシコの宗教は彼の国にふさわしい、と主張した時、彼は非条理なことを言ったのではなかった。」(23)こうした態度は、当時、二つに分れて大論戦中の両陣営を怒らせようという——事実、怒らせたが——意図をもっていた。ソルボンヌ大学の神学者たちは、むろん、その態度を弾劾した。モンテスキューは、ヤンセン派に猛烈に非難され、彼の著書は禁書目録に入れられた。しかし、啓蒙の陣営のヴォルテールや百科全書派も、ほとんど負けず劣らずに憤慨した。というのは、もしもモンテスキューの意見が正しいとすれば、道徳目的には正しいのもあれば正しくないのもあるということや、いくつかの、あるいはすべての宗教はうそのかたまりであり、ただこの理由だけでそれらが有害なのだということを、科学的研究では証明することができない、ということになるからであった。事実、啓蒙の依拠した全価値体系は、道徳的、形而上学的問題に対して、「いかなる時にも、いかなる所にても、すべてのひとびとに(*quod semper, quod ubique, quod ad omnibus*)(24)」妥当する正しい解答をえるためのただひとつの普遍的方法があるという、その可能性そのものが疑われたり、否定されたりした時、くずれ始めた。実際、まさにモンテスキューの論調、彼の著作全体の主旨は、どうも新時代の原理をくつがえすもののように感じられた(25)。なるほど彼は、宗教における啓示の真実性や、教会の権威や、主権の本性や、独裁的支配の不合理といったような問題にかんしては、新時代の盟友であった。恣意的な圧制、思想ないし言論の自由の抑圧、君主政の暗愚な経済政策をひどく嫌った。知識や科学や寛容を信奉した。軍隊や征服や暴君や聖職者を憎んだ。だが、反対派との意見の一致は、事実上、そこで終った。彼は明らかに、普遍的解決を信じなかったし、事実、単純な解決とか、最終的解決とかはまったく信じなかった。なるほど彼は、人間が原罪を背負っているとは信じなかったが、人間が無限に完全になれるとも信じなかった。人間は無力ではないが、ただ弱いということ、人間をもっと強くすることはできても、それには最大の困難がともなうということ、その場合でもあまり強くはなれないということ、を信じた。理想的な解決ができたためしはなく、ただそれに近づくことができるだけだと考えた。単一を信じず、ただ正義を除いては、いかなる制度も、いかなる道徳規範も、恒久的ではないと考えた。理性だけが、人間のもつ諸問題を解決することができるが、ただそれだけでは多くをなしとげることはできないと信じていた。彼は、ヒュームのように、かならずしも理性が情念の奴隷とは考えず、ただ情念よりも弱いものだと考えた。理性は弱いが、情念は強く、ともかく不滅なのだから、情念と闘うのではなくそれを利用し、望ましい水路にそれを導くための条件をつくりだすべきであると主張した。これは後に、サン・シモンや、コントや、パレートが採用した教義である。「人間性という歪んだ材木からは、真直ぐなものはかつて何も作られなかった」とイマヌエル・カントは言った[26]が、この言葉は、モンテスキューの友人であった、当時の楽観主義的社会計画家たちの意見に対立する彼の意見を代弁している。彼らと異なり、モンテスキューは、あらゆる専制君主、もっとも合理的で開明的な専制君主ですらも憎み、恐れる。あらゆる集権的権力、社会のあらゆる偉大な管理者、他人の運命を自信をもってきちんと処理するすべてのひとびとに信をおかないからである。彼は、一度も疑惑に襲われたことのないような普遍的決定者(*Décisionnaire universel*)(彼の造語[27])のことを、軽蔑と敵意をこめて話している。その理由は、こういうひとたちに組織された社会は、どんなに秩序正しく開明的であっても、かならずや圧制になるからである。彼は、すべての市民には、何を選択するにしても、最小限度の個人の自由が必要であると熱烈に信じる。どんなに慈愛にみちたものであっても、個人を窒息させる恐れがあるという理由で(「徳性自体に限界が必要なのだ[28]」)、狂熱には信をおかず、なによりも個人の自由を尊重する。

しかしながら、彼に対するさらに重大な非難がある。すなわち、彼が心底からの決定論者ではないという非難である。物質的要因が、人間の性格や制度をかたちづくることについて、これまで見落されてきた多くの点に注意を促すのに、あるいは、社会的関係の網の目の中に戦略的問題点があるのを指摘するのに、モンテスキュー以上に貢献した者は誰もいなかった(例えば、自由貿易と軍事的安全との関連や、コミュニケーションの発達が専制的政体におよぼす影響や、未曾有の破壊力をもつ新兵器の開発が国際関係におよぼす影響など)[29]。しかし彼は、この種の説明で、人間の行動全体をつくせるとは思わない。人間の行為を支配する法則は、例えば、空間における物質の運動を支配する法則ほどには網羅的でないと考える。彼は、彼の言う「一般的原因」なるものを信じ、それが、ある結果をまさに大いにありうるものとする状況をつくり出す、つまり、一定の――だがただ一定だけの――可能性としては考えられる行為を実現不可能とする状況をつくり出すと考える。偶然の行為は、ただそれが、説明可能な一般的原因と結合して行なわれるとき、はじめて重要な結果をもたらす。「カエサルやポムペーイウスが、カトーと同じように考えたなら、ほかのひとびとも、やはりカエサルやポムペーイウスのように考えたことであろう。そして、共和国は、滅びる運命にあったのだから、誰かほかのものの手にかかっても、破滅におちいったに違いない[30]。」イギリスのチャールズ一世が、国民の生活様式に、ある方法で「衝撃」をあたえなかったとしても、あの一般的状況では、やはりきっと別の方法で、「衝撃」をあたえたことであろう。[31]スウェーデンのカール一二世がかりに、ポルタヴァの戦いで敗北をきっしなかったとしても、やはりどこかほかのところで敗北をきっしたことであろう。[32]なぜなら、ある「一般的原因」がはたらいているため、スウェーデンの国家と軍隊は、一カ所での敗戦が全体の敗戦につながりうるような状況におかれていたからである。しかし、これはせいぜい、ある可能性は実現されえなかったであろうということや、そうした可能性が開かれていたと推定するのは、現実から遊離した歴史の読み方だということ、を示しているにすぎない。しかしここからは、他に選択できるあらゆる可能性がつねに閉じられており、因果関係によってひとつの道だけが必然となるという結論は、でてこないのである。

デュルケムが若い学徒として、モンテスキューが社会学の、開拓者ではないにしても、その先駆者だという主張の研究に着手した時、彼が幾分悩みながら注目したことは、モンテスキューが厳密な決定論から逸脱している、ということであった。[33]デュルケムには、モンテスキューが、なぜ人間の行動を支配する法則は、物質の世界を支配する法則にくらべて、正確にはっきりと記述できないと考えたのか、また、結果の予測がしにくいと考えたのか、その理由がわからなかった。モンテスキューが、物質的原因は、人間の慎重な行動によって大いに妨げうる、[34]と断言する時――実際、彼は一七四九年、ヒュームが、「物理的原因よりも精神的原因の方により大きな影響をもたせた」ことに対して、祝福の言葉を述べた[35]――デュルケムは、これに対する憤懣をかくしきれない。いやしくも社会学が科学であるためには、社会学はかならず、人間の活動それ自体は、その活動によって克服されるはずの障害と同じく、自然的原因によって支配されるものと見なければならない。彼は、モンテスキューが、明晰かつ理路整然とした方法で科学を構想した最初の人であったのに、まさにその科学を、いわれなく裏切ったと非難して論を終える。デュルケムの言うことは、むろん、完全に終始一貫している。だがもし、モンテスキューが近代の科学的社会学の父だという主張の根拠が、エルヴェシウスあるいはコントの原理を厳密に適用したことにあるというなら、それは、実際、ひどく彼の名誉を傷つけることになろう。モンテスキューがまさにこの罪を犯したということが、彼の永遠の名誉となっているからである。彼は、彼の観察しあるいは生ずると考えた事実によって導かれたが、それらをある調和のとれた型にきちんと整理するようなことはしなかった。それらがそういう整理のできるものであったかどうかは別として。彼は自分に重要と思えるある種の規則性を、自然や歴史の中に看取し、それを忠実に報告した。同様に、彼は、ある種の状況において、人間の活動がおよぶ力の限度を評価しようとした。人間のそれらの活動の中には、自然的原因にたどれるものが、いくつかはあるが、全部というわけではない、と彼は考えた。彼は、彼のもっている証拠の範囲をこえることや、未知の事柄を既知のものによって機械的に推定することや、ある現象が厳密な法則によって決定されているようだから、すべてがそうに違いないと主張することを、拒否した。人間は事物を、あまりたいしたことはないにしても、自分の意志にしたがわせることができる。人間は弱い、しかし、かつてモンテーニュはその弱さと無力をあまりにも誇張した。パスカルの方は、かつて、習慣を無批判に受けいれることが、法律の権威の神秘的な原因であると言明し、それにメスを入れる——「その原理にまでさかのぼる」——者が、その権威を破壊する、と示唆した。そして、バークもド・メストルも同じことを繰り返し熱心に述べた。いかなる現象でも、その源泉、その「原理」にまで「さかのぼる」者が、その現象を強固にする、とモンテスキューも述べた。知識が弱さの源泉だということは、およそありえない。確かに知識には限界があるから、われわれは最善をつくすしかない。これは僅かのことかもしれないが、それでもまったく無意味ではない。世界は法則によって支配されているが、法則がすべてを説明するわけではない。スピノザが、人間は大悪党になりえても、罪を犯したわけではない、なぜなら、自分ではどうすることもできない環境の力が彼にそういう忌むべき行為をさせたのであるから、といったことに、モンテスキューは腹をたてている。(36) 自然的原因は明らかに非常に強力であるが、時には、法律制定や教育によってそれを妨げることができる。「すべての帝国の中で第一位(37)」の偉大な主権者——風土そのもの——の影響ですら、強い道徳教育によって緩和したり、調整したりできる。ひとはほとんどすべてのものを緩和し、加減することができる（「調整する」「緩和する」は、モンテスキューがいつも使う言葉である）。ある法律は他の法律によって、ある権力は他の権力によって、抑制できる。最良の国制とは、対抗する諸権力を入念細心、モザイク風に組み合わせて作られた国制のことである。人間は生来、引力にひかれるように下の方へと堕する傾向をもち、理性的ないし自由になろう、専制的支配と無秩序の間の狭いなわてを歩いていこう、というきわめて困難な仕事を試みようとする傾向さえもたない。しかしそれでも、人間はこの困難な仕事をなしとげることができる。ただそれには、専制的支配と無秩序の間の均衡をめざし、慎重に、困難をともないながら、少しずつ進むことが必要である。この均衡はいつも不安定である。それを維持するには、細心の注意と用心が必要であるし、手にいれうる最も正確な事実にもとづく——つまり科学的な——知識もまた必要である。無知と怠惰と利己心は、人間の進歩に対する有力な敵である。しかしこれより一層有害なものは、頑固な迷信家と無法者である——ひとびとのもっている生来の能力の発育を妨げるよう彼らに説教する修道士や、おのれの個人的野望のため、ひとびとを皆殺しにする大征服者や、とりわけ一番悪い人間すなわち、国家の自由をあがなうため、仲間の市民を奴隷にするひどく専制的な組織者、がこれである。フランスにおいて、これまで最も悪い市民だった者は、リシュリューとルーボワであった。もしも、モンテスキューに勇気があったら、ルイ一四世もこれに加えたことであろう。

自由とは完全な独立でもなく、放恣でもない。自由を実現したり、維持したりすることは非常にむずかしいが、それがなければすべてはしぼんでしまう。どれだけ政治の能率や、国家の栄光や繁栄や、社会的平等があっても、それで自由の喪失を埋め合わすことはできない。君主政ではとくに自由がなくなる恐れがある。君主政は、川が流れて大海に没するように、(38)結局は専制にいたる傾向をもつからである。専制とは恐怖がひろまることを意味する。そして、恐怖があまねく行きわたり、すべての市民が誰かをひどく恐れるところには安全はなく、「精神の静穏」(39)もない。弊害がはびこり、ついには正常な社会生活の組織を破壊するにいたる。だが、自由とは何なのだろうか。モンテスキューによれば、それは、したいことを何でも許されることと同じではない。なぜなら、それは無秩序をもたらし、それゆえ無秩序を抑制するため不可避的に専制が呼び入れられることになるからである。彼の有名な定義によれば、自由をもつということは、「欲すべきはずのことをなすことができ、欲すべきでないはずのことをなすよう強制されないこと」[40]である。しかし、いったい誰が、われわれに欲すべきはずのことを教えてくれるだろうか。それが法律である。自由とは、「法律の許すすべてをなしうる権利」[41]である。しかし、専制的な法律はありえないのだろうか。確かにありうる。しかし、理性的な社会においては、法律は正義にもとづいているだろう。正義とは、法律がたまたま命ずるものとも、また、支配者が望むからというだけでの支配者意志とも、定義できない。実定法によって正義を定義しようとするのは、ちょうど、「円が描かれない前は、半径がみな等しいわけではない」[42]というのと同じように馬鹿げている。良き法律には、正義の命ずる規範が具現されているが、これらの規範それ自体は、絶対的かつ客観的で、成文法とは独立に存在する。では、正義とは何だろうか。それは「人間の存在と同じくらい人間に本有的なもの」[43]である。それは「二つのものの間に実際に存在する適合関係であり、この関係はどんな場合においても同一で、これを考える者が神であろうと、天使であろうと、人間であろうと、変わりはない。」[44]こういう不変の構造は、「事物の本性から生ずる必然的関係」[45]以外の何物でもない――これは、『法の精神』の冒頭に出てくる有名な法律についての形而上学的な定義であり、近代の注釈者たちを惑わせ、苛立たせてきた定義である。「正義がいくら声を高めても、情念の騒々しさの中では、その声を聞かせることはなかなかむずかしい。[46]」正義は現実そのものの話す声である。「正義は永遠であり、人間の習慣いかんで変わるものではない。」(さらに彼は、神の習慣いかんでも変わるものではないともつけ加えたであろう。)「そして、もし変わるものだとしたら、正義はあまりに恐ろしい真理であり、われわれからかくさなければならないであろう。[47]」

以上の定義については一考を要する。といってここに何か新しいものがあるというのではない――その教義、真理をかくそうとするシニカルな誘惑でさえも、すくなくともプラトンと同じくらいに古い。モンテスキューの言葉は、「必要な変更を加えれば(*mutatis mutandis*)」、多くの中世の文書の中にあらわれていたであろうし、フッカーもグロティウスも、こういう言葉を少しも奇異には思わなかったであろう。実際、これは、世俗的言葉に移しかえられたひとつの中世神学なのである。ヒュームは、モンテスキューが、正義を絶対的に客観的な関係と見るこういう考え方をマルブランシュからかりてきたといって非難し[48]、それは知りえない抽象的観念だとみなしたが、これは正しい。むしろ、その由来は、一七世紀の法学者ばかりか、一八世紀の経済学者や社会哲学者もいだいていた自然法に対する信仰にある。すべての人間の真の利害は一致する、という重農主義理論は、それ自体、自然の法則を適用した理論であって、その自然の法則とは、実際には違反がありえたり(もっとも、違反者が損するだけであるが)、また、人為的な実定法とは文字通り正確に、ひたすらそれの複写であることを求められるところのア・プリオリな体系である。こうして、ひとびとによる個人的な統治は、最も賢明なひとびとによる場合でも、いくらか恣意的な要素を残すから、法律そのものの支配によって取って代わられるであろう。こうした主張の中に、経済的ないし社会的用語に移しかえられた、古い神学的な、自然の秩序を読みとることは、そうむずかしいことではない。人の支配にかわる物の管理というサン・シモンの教義や、それをエンゲルスが再び繰り返したこと(49)や、ヘーゲルの合理的な「法治国家」や、近代の法理論および政治理論におけるこれらのひとびとの後継者すべての主張は、その起源を、自然の秩序という形而上学の中にもっており、その自然の秩序は、どんなに経験的な言葉で言い換えようとしても、ぬぐうことのできない超越的な起源の痕跡をとどめている。しかしながら、『法の精神』の中にこの由緒ある教義が出現していることで訳がわからないのは、モンテスキュー自身の偉大な新発見のなかで最も独創的なものとそれが矛盾しているという点である。彼のすべての目的は、法律は真空には生まれないということ、法律は、神や司祭や国王の強制的命令の結果ではないということ、法律は、社会における他のすべてと同じく、地球上の特定の時と所において、その時と所が人間にあたえる物理的および精神的影響によって作用された、特定の社会の変化してやまない道徳的習慣や、信念や、一般的態度の表現であるということ、を示すことである。この教義は、偉大なドイツ歴史法学派や、革命後のフランスの歴史叙述や、近代のさまざまな社会学的法理論の基礎となっているが、この教義が、あらゆる時と所におけるあらゆる人間に等しく妥当する、普遍的で、恒久的で、不朽の規範——デカルトないしライプニッツが考えたような理性の力、つまり、永遠の真理を知覚する非自然的方法としての理性の力によって発見される規範——に対する信頼と、どうして一致することができるのかを知ることはむずかしい。そして、まさにそうした普遍的規範という考えを覆すということが、モンテスキューのなしとげた偉大な歴史上の功績であった。実際、モンテスキューはもっと先へ進む。法律が、永遠の正義の表現であるためには、人間や時や所と関係なく「自然の必然性」であるためには、法律は、はっきりと成文として述べられなければならないから、裁判官の仕事とはただ、できるかぎり厳密正確に、それを個々の当該事例にあてはめることであり、為政者の仕事とはただ、できるかぎり完全に、また文字通りに、それを実行に移すことである、ということになるだろう。モンテスキューは、この点を強く主張している。彼は、法律の施行をできるだけ厳密に、自動的にしたいと思っている。裁判官が法律を作ったり、法律上の擬制を使ったり、古い法規を新しい状況に相応しく解釈するにあたって、字面ではなく、その精神をよくふまえ、それぞれの世代が自分自身の見解(それは、かならずしも他の社会、他の世代の見解と同じではない)に応じて働かせることのできる、そうした公共の利益に対する理解を示して行なう、という伝統のすべてが――イギリスの諸制度の分析に鋭い観察を示した彼において、奇妙にも、この重要な法律の発展については言及されていない――彼にはひどく気に入らないようである。法律の文字をみだりにいじくってはならないし、解釈したり、融通性をもたせたり、実用性をもたせたりしてはならないのである。彼は、法律が有益でなくなり、客観的正義の原理をもはや十分に体現しなくなったら、その法律は、正式に廃棄され、新しい法律が立法機関によって特別に作られなければならないと考えているように見える。このことはともすると、ヒュームが正しく指摘したように、法律の過度の変更をもたらし、その結果、法律そのものに対する遵法精神を弱めることにつながる恐れがある。しかし、モンテスキューの正義にかんする教義を厳密に解釈するなら、これは避けがたい。社会的不便は無視されねばならない。なぜなら、永遠なる自然の法の前に、社会的効用など何でもないからである。

実定法それ自体が、ある超法律的な一組の原理――聖典や、特権をもったひとびとの言葉の中とか、あるいは理性的直観という特別な能力によって示されるような――にぴったりと一致する基準によって検査されなければならないという教義は、西欧の法理論のもつ一貫した特徴である。これは、法律とは、社会生活一般と同じ種類の諸要因によって決定される社会の発展の数多くの局面のひとつにすぎないと主張する、同じように有名なもうひとつの見解とは明らかに矛盾しており、正義とは法律の定めるすべてであり、それ以外の何物でもないというホッブズの教義(モンテスキューはこれを否認しているが)は、ただその極端な、そして実際いくぶん「度を過した」説明にすぎない。法律は、社会の発展の函数であると信ずることと、正義という確固たる基準と明白な成文化や厳格な適用が必要だと信ずることとの間には、実際には論理的矛盾はないのかもしれない。なぜなら、基準そのものが、変化する社会的諸要因の間のある不変的関係に、例えば、功利主義者の最大幸福説の原理に、存在するのかもしれないからである。しかし、明らかにそこには態度の相違がある。そして、モンテスキューがわれわれに残したものは、疑いもなく、彼の考える正義とは、自然の函数ないし相関関係ではなくして、超越的で永遠の基準であるということである。例えば、ホームズやブランダイスといった実用主義的法学理論と、法律を立法府が公布した通り準機械的に適用しようという、もっと古い概念との間の衝突は、とりわけアメリカ合衆国において、これまで法学者たちの意見を二分し、そして当然のことながら、もっと深い政治的、社会的、そして実際形而上学的違いにまでさかのぼって見出される中心的な争点である。絶対的正義を、永遠に妥当する立法の基準とするモンテスキューのこうした考えは、例えばコントのような実証主義者やマルクス主義者の理解のように、法律を社会的に解釈する考え(法律を社会的経済的下部構造に依存する上部構造とみなす理論)とも両立しえない、ということは付け加えるに値する。しかし、これらすべての思想の流れはモンテスキューに端を発しているのであって、この矛盾が彼自身の思想の中にあるということは明らかである。どうして彼はこの矛盾に陥ったのだろうか。おそらくそれは、専制と恣意に対する彼の恐れから出ているのだろう。そしてこの恐れが、二つの、簡単には和解できない異なった方向を辿ることになったのであった。一方では彼は、それぞれの社会には、固有の道徳的態度、習慣、生活様式があり、ただ法律を発布したり、条例を出したりするだけでは、こうした道徳的、社会的傾向をこわすことはできず、ただそれらを妨げるだけであり、それが当の社会の発展を支配する社会的法則からあまりにかけ離れたものであれば、かえってそれ自身が有効でなくなるという事実を、繰り返し強調する。このことが、個々の暴君や専制的集団による気紛れな干渉や、不当な抑圧や、弱いものいじめに対して、彼が大反対する論拠の一部なのである。これを恐れることから、階層的身分社会を維持したいという願いや、分立と均衡への要求、あらゆる狂熱に対する不信、「仲介的権力」[50]への期待が生じ、世襲貴族と世襲法官職、地方および州の立法機関と司法機関、封建制度の遺物や遺風、新興中産階級への売官によって創られる新封建主義、変則的なものをそれ自体として擁護するといったようなことが生じてくる。これらすべてが、たえず侵害してくる集権的権力と国民の大半との間の緩衝装置としてはたらくよう期待されている。そうでないと、集権的権力は、あまりにも自由にまた無慈悲に、自分の恣意的な型に国民をはめこんでしまうかもしれないからである。そして、他方では彼は、合法性に熱心な関心をもち、法律は誰でもわかるよう明確な言葉で書かれるべきだと主張する。これもまた、同じく最優先の目的のために――強力な個人が自分の自由気ままな意志を貫ぬこうとするのを（それが、アベ・デュボスのような、王権の擁護者によって、あるいはヴォルテールのような、啓蒙専制の信奉者によって、唱導されるにせよ）阻止したり、明確に成文化された法律の前に保証された平等によって、私的個人を支配者の権力から守ったりするために――意図された手段であり、しかも強力な手段なのである。[51]

しかしながら、モンテスキューの態度を心理学的にどう説明しようと、内的な矛盾はいぜんとして残っており、そこには、それぞれが彼の権威を主張する、二つの相対立する思想と実践の立場が見出される。第一は、法律は、意識的に社会の変化にしたがうことによって発展すると考える、実用主義的立場である。そして、ここから道がまた二つにわかれる。ひとつは、バークやドイツの法学者たちの著作において保守主義的な形態をとり、彼らは法律を、ひとつの国民ないし文化の特性を形成してきた最も深い伝統と本能の表現と見る。つまり、法律の発展は、共同社会の「有機的」発展と密接不可分であって、支配者の恣意的「命令」とか、あるいは共同社会の歴史的「精神」に一致しない「人為的」な改革によって歪められることはないと考える。それがもうひとつの、急進的な形態をとった場合は、社会改革論者や過激論者は法律を多くの要求と考え、法律は、変化する社会的必要に常に応ずるものでなければならず、過ぎ去ったある時代にだけ妥当する、ある時代おくれの原理と結びつけられてはならないという風に解釈してきた。これら二つの法学の発展形態は、ともに、ローマ的およびナポレオン的な制定法の伝統とは両立しない。こうした制定法は、明確に述べられた普遍的原理の適用に熱心であり、その原理の妥当性は、時と所と環境にかかわることなく、普遍的で永遠的だとみなされがちだからである。

こういう内的矛盾は、モンテスキューが、「理性」や「自然」という言葉について、典型的に一八世紀的な両義的使用をしていることにも見うけられる。理性は、時には、デカルトや合理主義者が使ったのと同じ意味で使われ、一般法則の直観的認識を意味することがある。そして他の時には、一定の社会が、一定の場所と時期において、「健全」

かつ健康に機能するためには、何を必要とするかについての(経験的な)認識を意味することがある。自然は、通常、温和で緩慢であり、ほとんど気がつかないほどの圧力によって目的を達成する。しかし自然はまた、大音響をたてておびやかすこともできる。モンテスキューは、自分が遠くに離れすぎてしまい、拷問の利点を単に功利的な精神によって考察する時、自分の耳に聞こえてくるのは、「私を非難する自然の声」[52]である、そしてそれが私を正気に立ち返らせてくれる、と明言している。しかし他の時には、自然は規範的ではなく、単に、事物と人間の成りたち、特殊な状況における人間の行動や、必要や、要求の原因を意味し、この意味で、あらゆる科学の対象となるものである。モンテスキューの全著作の中には、ただそれだけで人間の恒久的利益に一致すると思われる絶対的価値と、具体的状況における時と所に依存する価値との間の、ある種の絶えざる弁証法がある。

四

以上に述べた矛盾は、解決されないまま残されている。二つの教義を結ぶただひとつのものは、それらがともに自由の擁護を目的としていることである。モンテスキューのいう自由の意味は、法律の禁止しないことをなす権利にあるという、彼の公式的な——そして平凡な——定義の中にではなく、彼の価値観の全体を明らかにしてくれる他の社会的、政治的思想についての彼の説明の中に見出すことができる。モンテスキューは、あるただひとつの原理にとらわれる思想家ではない。彼は、すべての真理がただそれによって公式化されねばならないような、ある中心的な道徳的ないし形而上学的範疇によって、すべてを整理し説明しようとはしない。彼は一元論者ではなく、多元論者である。彼の妙技が最高頂にたっし、真骨頂を見せるのは、彼が、自分自身や彼の読者の大半とは異なる文化や見解や価値体系を知らせようとする時である。ある急進的な著述家は、彼を評して、彼の説明はあまりにもうまくできすぎており、すべてを正当化するように思われると言った。(53) そして実際、彼は、すべての見解や文化を、一八世紀の啓蒙の基準からどれだけ離れているかによって格付けするという、当時において支配的であった悪習に染まっていなかったので、当時の蒙昧主義者や急進主義者の双方に疑念を抱き、西欧キリスト教文化の制度とは異なった制度に対しても、深すぎるくらいの思いやりを示すことができたのであった。個別的相違を感じとる能力のかわりに、一般原則を用いるということは、彼にとっては、悪の始まりである。彼の共感の範囲は実に広い。彼は、確信をもって、非常にさまざまな生活様式を弁護し、その各々が物理的環境によって規定され、それ自身の理解可能な発展の道を辿り、人間の必要を満足させており、人間は、別の時代の、別の国や気候や地理的状況のもとにある文化においても、同様に、十分満足して生活している、と述べる。想像力によって、種々様々の生活様式に共鳴することができるという、この非凡な才能が、モンテスキューを寛容(彼は寛容ということで名高かったけれども)や、悪弊を大目に見ることに導くばかりか、もっと積極的な態度にも導く。彼は、人類の精神史のもつ中心的特徴のひとつを把握した、当時としては、数少ない思想家の一人であった。つまり彼は、ひとびとの追求する目的は多種多様であって、しばしば互いに相容れないということ、このことによってどうしても文明と文明の間には衝突がおき、同一の社会の理想においても、時代が違えば差違が生じ、同じ時代においても、社会が違えばこれまた差違が生じ、社会や階級や集団の内部や個人の意識の内部にも、対立が生じる、とみてとったのである。さらに彼は、状況はきわめて多種多様で、個々の事例は極度に複雑で入り組んでいるとすれば、ただひとつの道徳目的ないし政治目的はいうまでもなく、いかなる唯一の道徳体系も、人間のあらゆる問題に対して、時と所を問わない普遍的な解決を用意することはできない、とみてとった。そのようなただひとつの体系を押しつけようとすることは、それがどんなに価値があり、崇高で、広く信じられた体系であっても、結局は、つねにかならず迫害と自由の剝奪にいたる。専制は「いたるところで明白かつ画一的である。この支配を打ちたてるには情念があれば十分であり、誰にでもそれはできる。(54)」ほんとうに自由な社会とは、「揺れ動く(55)」状態にある社会、不安定な均衡にある社会だけであり、その成員が多種多様な目的ないし目標を自由に追求したり、選択したりすることのできる社会だけである。ある国家は、それ自身は自由かもしれない、すなわち他の国家から独立しているかもしれない。けれども、その国家が柔軟性を失い、どんなに神聖な原理であっても、その原理の名のもとに、意見を抑圧するようになれば、その市民は自由ではなく奴隷になる。モンテスキューは争いを好まない。むしろ平和や和解や妥協の方を好む。彼は、あらゆる新しい主義や信念に疑いの念を抱く。それらはたいてい狂信者の産物であり、闘争をもたらすからである。しかし、いったんある主義や信念が、ある程度受け入れられたとわかると、今度は、どんなに馬鹿げたものであっても、それは寛大に扱われるべきであり迫害によって追放されてはならないとする。そのわけは、ひとびとが自由に間違いをおかす方が正しい意見をもつよう強制されるより、大切だからである。モンテスキューは真理に関して相対主義者ではなかった。当時の多くの開明的なひとびとと同じく、彼も、あらゆる領域において客観的真理が発見できると信じていた。しかし、それよりも彼は、理想の信奉者たちの間にはてしなき争いが起るのを警戒するあまり、それらの理想を選択する自由を認めない社会は、かならず衰微し、滅亡すると、深く信じていた。たとえ何が問題となっていようと、正統派の理想がどんなに高遠で深く崇拝されていようと、どんな正統にも強制されることにはこのように反対するという点に、モンテスキューと、当時の権威主義者のみならず神学者や無神論者や理想主義的急進論者との違いがある。このことが、啓蒙陣営内における民主主義者と自由主義者との対立の端緒をなしている。彼らは、蒙昧主義や、教会もしくは世俗による抑圧に対しては結束して戦ったであろうが、この同盟にしてもせいぜい一時的なものである。専制は、好んで自己犠牲的であったり、自己陶酔的であったりするから、まさに専制的なのである。自ら奴隷を望む者はやはり奴隷なのである。こうした警句は、バンジャマン・コンスタンおよび、ジャコバン主義者にも正統主義者にも反対する自由主義的反動に至ってふたたび聞かれる。それは、自由を幸福や平和や徳性の上位におくため、いつも疑わしくて、いつも評判のよくない考え方なのである。

今日、明らかとなり、とくに有益と思えるのは、どんな知識でも、技能でも、論理力でも、社会問題について最終的で普遍的な解決を自動的にもたらしうるものではないという事実を、モンテスキューが非常にはっきりとみてとっていたことである。フランス啓蒙の指導者たち、科学を広めた偉大なひとたちは、あらゆる種類の無知と蒙昧、とくに、野蛮、愚昧、真実の隠蔽、冷笑、人権の無視に対して公然の戦いをいどみ、人類に大きな貢献をしてきた。彼らの自由と正義のための戦いは、彼らが自分たちの教義を完全には理解していない時でさえも、非常に多くのひとびとが、今日そのおかげで生きてゆけ、自由でいられるひとつの伝統をつくりあげた。これら指導者たちの大多数(彼らの告発の論拠は反駁の余地のないものであったが)はまた、事物の運動にかんする科学があるように、人間の行動にかんする科学もありうるはずだ、と信じていた。そして、この人間の行動についての科学の諸原理をつかんだ者は誰でも、それを適用することにより、彼らが一致して目指していたすべての目標を実現することができる、これらすべての目標――真理、正義、幸福、自由、知識、徳性、繁栄、肉体的力と精神的力――は、コンドルセが言ったように[56]、たがいに「ひとつの分ちがたい鎖に」つながっている、あるいはすくなくとも、互いに矛盾するものではない、そして社会生活について新たに発見された科学的真理の絶対確実な諸原理に一致するよう社会を変えたなら、これらすべての目標を実現することができる、と信じていた。

フランス大革命が、一夜にしてひとびとを幸福にそして有徳にすることができなかった時、革命を支持した者の中には、それは、新しい原理が正確に理解されていなかったか、その適用が不十分であったかのいずれかだったからだと主張したり、これらの原理ではなく別の原理が問題解決の真の鍵である、例えば、ジャコバン派の純粋に政治的な解決策は、問題を過度に単純化しすぎている点が致命的であり、社会的経済的原因がもっと考慮されるべきであった、と主張したりする者もいた。一八四八年から四九年にかけて、これらの要素が十分考慮され、それでもやはり、結果が満足すべきものではなかった時、科学的解決を信じるひとびとは、何か他のもの——例えば階級闘争とか、コント的進化の原理とか、他のある種の本質的要素——が無視されたからだと断言した。モンテスキューの用心深い経験主義、法律を普遍的に適用することへの不信、人間の能力の限界に対する鋭い感覚といったものが、敢然と立ち向っていくのは、まさにこの種の「恐るべき単純化をするひとびと」に対してであって、彼らが知的に明晰であり、道徳的に心が純潔であるからこそ、人間の行動にかんして彼らが想定した科学によって祭壇に供えられた巨大な抽象の名において、彼らはますます容易に人類を幾度となく犠牲に供したように思われたのである。もし、急進的な改革や反乱や革命が主張されるとすれば、それは、社会体制のもたらす不正があまりにもたえがたきものとなり、それに対して「自然が反対の叫びをあげる」[57]時である。しかしこうしたなりゆきは、つねに危険を伴うし、社会的結果を計算にいれた絶対確実な方法により、物質的にも精神的にも安全を保証してもらうわけには決していかない。人類の歴史は、とりわけフランスにおいて幾多の高邁な思想家たちを深く魅了したような単純な法則によって影響されうるものではない。「物事の結果のほとんどは、あまりにも不思議な方法で生じたり、知覚できない、遠い原因によっていたりするので、それをあらかじめ見通すことはほとんど無理である。」(58)だから、われわれにできることはただ、その目的が何であれ、人間をできるだけ失望させないよう努力することである。ひとびとの「性向や性癖」(59)に最もよく適した政体が最良である。立法に際しては、なによりも、何がどういう結果をもたらすかについての判断が必要であり、この判断力は、経験もしくは歴史によってのみがくことができる。なぜなら、法律と、人間性および人間の意識と相互作用をもつ人間の諸制度との関係は、きわめて複雑であって、単純で小ぎれいな体系でははかり切れないからである。時代を無視した規則をきびしく押しつければ、結果はつねに流血に終るものである。

政治制度の古風な形態分類や、社会の成長の内的原理や、自然における永遠不変の関係としての絶対的正義という、ア・プリオリな概念にもかかわらず、モンテスキューは、手段に関しても、目的に関しても、ルソーやマルクスはおろか、ドルバックや、エルヴェシウスや、ベンサムすらよりも、はるかに純粋な経験主義者としてあらわれる。保守主義者や自由主義者やフェビアン社会主義者は、それぞれその結論を、彼のきずいた伝統から導きだしたのであり、そして、彼の非独断的な原理は、現代の、敵対するイデオロギーの間で熾烈な闘争が行なわれている状況にまさに適切である。「モンテスキューは、もしも彼の名前が権力の［……］分立の教義につけられることがなかったなら［……］、ある精神状態や、ある社会学的傾向や、彼の描いた魅力的なペルシア人の空想についての記憶を除けば、おそらく、後世に何も残しはしなかったであろう[60]」と、マキシム・ルロワは書いている。そう言うなら、おそらく、バークに匹敵するほど具体的で、彼のひどい偏見や空想による歪曲のない、歴史的現実に対する醒めた感覚や、人間が、あるいは少なくとも人間社会が何によって生きているかについて、アリストテレス以来比肩するもののないほどの理解を示したこと以上に、何も残しはしなかったであろう。

原　注

（1）*The Works of Jeremy Bentham*, ed. John Bowring (Edinburgh, 1843), vol. 10, p. 143.

（2）「［……］私が私の原理を発見するや、私の探し求めていたすべてがはっきりした。」『法の精神』序文。*Oeuvres complètes de Montesquieu*, ed. A. Masson, 3 vols. (Paris, 1950–55), vol. 1 A, p. lxii. 以下、モンテスキューの著作からの引用は、すべてこの版による。この第一巻は、一七五八年版の三巻本（マッソン版ではA・B・C）の重版である。〔野田良之他訳『法

の精神』上巻、岩波文庫、一九八九年〕

（3）『法の精神』第一九編第四章。（vol. 1 A, p. 412.）〔前掲邦訳、中巻〕

（4）同上、第一編第三章。（vol. 1 A, pp. 8–9.）〔前掲邦訳、上巻〕

（5）*Mes pensées*, 30 (549): (vol. 2, p. 9.) マッソン版では『パンセ』は、モンテスキューの原稿通りの順序に編集されている。括弧内の数字は、M. H. Barckhausen の編集した『パンセ』(*Pensées et fragments inédits de Montesquieu* (Bordeaux, 1899, 1901) 第一版の順序を示す。

（6）本文二〇三頁、参照。

（7）*Considérations sur la France* (Lyon/Paris, 1866), p. 88.

（8）『法の精神』第一編第一章。（vol. 1 A, p. 1.）〔前掲邦訳、上巻〕

（9）デファン夫人への手紙（一七五四年九月一三日付）参照。（vol. 3, p. 1515.）

（10）例えば、『ペルシア人の手紙』一四三信。（vol. 1 C, p. 298.）〔田口卓臣訳『ペルシア人の手紙』講談社学術文庫、二〇二〇年〕

（11）*Mes pensées*, 30 (549): (vol. 2, p. 8.)

（12）『ペルシア人の手紙』一〇六信。（vol. 1 C, p. 212.）

（13）*Mes pensées*, 410 (2062): (vol. 2, p. 158). これと似た一節が、一七五七年に『百科全書』のために書かれた *Essai sur le goût* にある。その後、修正されて一七八三年にモンテスキューの *Oeuvres posthumes* として出版された。（vol. 1 C, pp. 611–12）

（14）C. A. de Sainte-Beuve, *Causeries du lundi*, 2nd ed. (Paris, 1852–62), vol. 5 (1853),

p. 153 に引用された 'Economie politique', 1772.

(15) *The Works of Jeremy Bentham*（注(1)）, vol. 9, p. 123.

(16) Gaetano Filangieri, *La scienza della legislazione* (1784), in *La scienza della legislazione di Gaetano Filangieri con giunta degli opuscoli scelti*, (Milan, 1822), vol. 1, p. 12, trans. William Kendall in *The Science of Legislation, Translated from the Italian of the Chevalier Filangieri* (London/Exeter, 1792), p. 11. これは『エミール』第五篇におけるルソーの非難とまったく同じである。「存在するものを正しく判断するためには、存在すべきものを知らねばならない。」Rousseau's *Oeuvres complètes*, ed. Bernard Gagnebin, Marcel Raymond and others (Paris, 1959–), vol. 4 (1969), pp. 836–37 参照。

(17) 『ペルシア人の手紙』一一四信。(vol. 1 C, p. 227.)

(18) 同上、八〇信。(vol. 1 C, p. 164.)

(19) 同上、一二九信。(vol. 1 C, p. 257.)

(20) 『法の精神』第二編第二章。(vol. 1 A, p. 100.)〔前掲邦訳、上巻〕

(21) *The Works of Jeremy Bentham*（注(1)）, vol. 8, p. 481.

(22) 『社会契約論』におけるルソーのグロティウス批判(第一篇、第二章から四章)は、ベンサムのモンテスキュー批判に似ていなくもない。

(23) 『法の精神』第二四編第二四章。(vol. 1 B, p. 103.)〔前掲邦訳、下巻〕

(24) Vincent of Lérins, *Commonitorium*, 2. 3.

(25) プラトンは、こういう同じような態度を非難した。彼はソフィストの態度がこれであるとした。その理由もまったく同じであった。

(26) 'Idee zu einer allgemeinen Geschichte in weltbürgerlicher Absicht', *Kant's gesammelte Schriften*, vol. 8 (Berlin, 1912), p. 23.〔福田喜一郎訳「世界市民的見地における普遍史の理念」『カント全集』第一四巻・歴史哲学論集、一二頁、岩波書店、二〇〇〇年〕

(27) 『ペルシア人の手紙』七二信。(vol. 1 C, p. 151.)

(28) 『法の精神』第一一編第四章。(vol. 1 A, p. 206.)〔前掲邦訳、上巻〕

(29) 「火薬の発明いらい、難攻不落の城はなくなってしまった〔……〕私はいつも心配しているのですが、人間は結局は、なにか秘密を発見して、もっと簡単にひとびとを殺し、人民や国民全体を滅亡させてしまうのではないでしょうか。」『ペルシア人の手紙』一〇五信。(vol. 1 C, pp. 208–209.)

(30) 『ローマ人盛衰原因論』第一一章。(vol. 1 C, p. 427.)〔田中治男・栗田伸子訳『ローマ人盛衰原因論』岩波文庫、一九八九年〕

(31) *De la politique* (vol. 3, p. 169.)

(32) 『法の精神』第一〇編第一三章。(vol. 1 A, p. 195.)〔前掲邦訳、上巻〕

(33) *Quid Secundatus politicae scientiae instituendae contulerit* (Bordeaux, 1892), trans. as *Montesquieu's Contribution to the Rise of Social Science* in Émile Durkheim, *Montesquieu and Rousseau: Forerunners of Sociology* (Michigan, 1960).

(34)『法の精神』第一四編第五章、第六章。第一六編第一二章。(vol. 1 A, pp. 312–13, 361.)〔前掲邦訳、中巻〕

(35)一七四九年五月一九日付のヒュームへの手紙。(vol. 3, p. 123.)

(36)*Mes pensées,* 1266 (615) (vol. 2, p. 343.)

(37)『法の精神』第一九編第一四章。(vol. 1 A, p. 421.)〔前掲邦訳、中巻〕

(38)『法の精神』第八編第一七章。(vol. 1 A, p. 167.)〔前掲邦訳、上巻〕

(39)同上、第一一編第六章。(vol. 1A, p. 208.)〔同前〕

(40)同上、第一一編第三章。(vol. 1A, p. 205.)〔同前〕

(41)同上。(vol. 1A, p. 206.)〔同前〕

(42)同上、第一編第一章。(vol. 1A, p. 3.)〔同前〕

(43)『ペルシア人の手紙』一〇信。(vol. 1 C, p. 26.)

(44)同上、八三信。(vol. 1C, p. 169.)

(45)『法の精神』第一編第一章。(vol. 1 A, p. 1.)〔前掲邦訳、上巻〕

(46)『ペルシア人の手紙』八三信。(vol. 1 C, p. 169.)

(47)同上。(vol. 1C, p. 170.)

(48)*An Enquiry Concerning the Principles of Morals,* III, ii 158, note.

(49)'Lettres de Henri Saint-Simon à un américain', eighth letter, in *L'Industrie* (1817) vol. 1, *Oeuvres de Saint-Simon et d'Enfantin* (Paris, 1865–78), vol. 18, pp. 182–91, esp. 188.

Cf. Engels in *Anti-Dühring*(1877–78): Karl Marx, Friedrich Engels, *Werke* (Berlin, 1956–83), vol. 20, pp. 241, 262〔粟田賢三訳『反デューリング論』下巻、一八五、二二九頁、岩波文庫、一九六六年〕; Karl Marx, Frederick Engels, *Collected Works* (London, 1975–2005), vol. 24, pp. 247, 268.

(50) 『法の精神』第二編第四章。(vol. 1 A, p. 20.)〔前掲邦訳、上巻〕

(51) あたかも、彼は、絶対的で永遠の正義の基準という概念が妄想であると確信していたかのようであるが、彼が恐れたのは、この種の知識が専制支配への道を開き、社会不安をもたらすのではないかということであった(注(48)参照)。

(52) 『法の精神』第六編第一七章。(vol. 1 A, p. 124.)〔前掲邦訳、上巻〕

(53) Letter to Saurin of 1747–48. マッソン版 vol. 3, pp. 1538–40 所収(注(2)参照)。この手紙の著者確認については、R. Koebner, 'The Authenticity of the Letters on the *Esprit des lois* attributed to Helvétius', *Bulletin of the Institute of Historical Research*, 24 (1951), 19–43 参照。

(54) 『法の精神』第五編第一四章。(vol. 1 A, p. 84.)〔前掲邦訳、上巻〕

(55) 『ローマ人盛衰原因論』第八章。(vol. 1 C, p. 410.)

(56) 『人間精神の進歩にかんする歴史的素描』O. H. Prior and Y. von Belaval ed. (Paris, 1970), p. 228.

(57) 注(52)参照。

(58) *De la politique* (vol. 3, p. 166.)

(59) 『ペルシア人の手紙』八〇信。(vol. 1 C, p. 164.)

(60) Maxime Leroy, *Histoire des idées sociales en France*, vol. 1: *De Montesquieu à Robespierre* (Paris, 1946), p. 110.

理想の追求

河合秀和訳

一

私の見るところ、二〇世紀の人類史を形成する上で、他の何ものにもまして大きな影響を及ぼした二つの要因がある。一つは自然科学と技術の発展である。それは確かに現代最高の成功談であり、これには各方面からますます大きな関心が寄せられている。もう一つは、言うまでもなくこれまたほとんど全人類の生き方を一変させてきたイデオロギーの大嵐という要因である。つまりロシア革命とその余波——左翼、右翼双方の全体主義的専制であり、ナショナリズム、人種主義、そしてところによっては宗教的頑迷の爆発であった。面白いことにこの後者の要因については、一九世紀のもっとも鋭い社会思想家でさえも誰ひとりとして予言していないのである。

二、三世紀後(もし人類がそれまで生存したとしてのことだが)のわれわれの子孫が現代を見た時、この二つの現象が今世紀のもっとも際立った特徴、もっとも強く説明と分析が求められる点になるのではないか、と私は思う。しかし、この二つの大きな運動が人々の頭の中の観念――人々の間の関係が何であったか、現在はどうか、それはどのようなものになり得るか、またどのようなものであるべきかについての観念から始まったということを知っておくべきであろう。また、そのような観念が指導者たち、とりわけ背後に軍事力を有している予言者たちの念頭にある究極の目標の名においていかに変貌を遂げることになったかを知っておくべきであろう。そのような観念は倫理学の本質的な内容である。倫理思想は人間相互間の関係についての体系的な検討、お互いに人間らしく対処しあう方法が発生してくる根源になっている概念と関心と理想、そしてそのような人生の目的の基礎にある価値体系から成っている。人生をいかに生きるべきか、人間はいかにあるべきか、また何をなすべきか――それについてのさまざまな信念が、道徳研究の対象である。それが集団や国民、さらには人類全体に適用された時には政治哲学と呼ばれる。それは社会に適用された倫理学に他ならない。

われわれの生きている世界、このしばしば暴力的になりがちな世界を理解したいと思うならば(それを理解しようとしないならば、その世界の中で合理的に行動し、かつその世界に合理的に働きかけていくことはとても望めないであろう)、われわれに働きかけてくる大きな物的な力――自然の力、人工の力の両方がある――だけに関心を限る訳にはいかない。人間の行動の指針となる目標と動機を、われわれの知りかつ理解しているすべてのものとの関連で見ていかなければならない。そのような目標と動機の根源とそこから派生したもの、その本質、とりわけその妥当性の一切を、われわれの有しているすべての知的能力を用いて批判的に検討しなければならない。しかもそれを早急に行なわねばならぬということから――人間関係についての真理の発見という倫理学本来の目的はしばらく別として――、倫理学は今ではきわめて重要な分野になった。自分はどこから来たのか、今いるところにどうしてやってきたのか、いったいどこへ行こうとしているのか、そこへ行きたいと思っているのかどうか、もしそう思っているなら、あるいは逆にそう思っていないとしたら何故なのか――このような問題について知りたいと思わないのは野蛮人だけである。

このような価値、このような目的を体現しているさまざまな人生観についての思想を研究し、それを私自身にとって明確にしようとして、私は生涯の四〇年もの期間を過してきた。私がいかにしてこの問題に没頭するようになったのか、特にその問題の核心についての私の思想を変化させた転換点について、いくらかお話ししたい。ある程度はいささか自伝的になるのは避け難いことであろう。この点についてはあらかじめお詫びしておくが、しかしそれ以外にどんな方法でこの問題を説明したらよいのか、私には判らない。

二

私は年少の頃にトルストイの『戦争と平和』を読んだが、年齢的に早すぎたと言ってよいだろう。この偉大な小説の真の迫力を感得したのはもっと後になってのことであった。その時には、トルストイ以外の一九世紀のロシアの著作家たち、小説家と社会思想家の双方の真の迫力も理解できた。これらの著作家が、私の世界観を大きく形成することになった。これは当時そう思ったことで、今もそう思っていることであるが、これらの著作家たちは個人や社会集団や階級の生活と相互関係をリアリスティックに描くことを主たる目的としていなかった。つまり、心理的ないし社会的な分析それ自体を目的とはしていなかった——もっとも、彼らの中の最善の人々はむしろまさにその点で、他に類のないほどの業績を挙げたが。彼らの態度は本質的に道徳的であると、私には思えた。彼らは何が原因で、人間関係における不正、抑圧、虚偽、石の壁によるか大勢順応主義によるかはともかくいわば投獄されている状態——人間が作ったくびきに抗議することもなく屈服している状態——、そして多くの人々の側での道徳的無理解、エゴイズム、残酷さ、屈辱、隷従、貧困、無力さ、苦々しい怒り、絶望が生じているかにきわめて深い関心を抱いていた。要するにこのような経験の本性、それが人間の条件にいかに根ざしているかについて、さし当ってはロシアの状態だけであったが、結果的には全人類の状態に関心を抱いていたのである。同時に彼らは、それとは逆のもの、つまり真理、愛、正直、正義、安全、そして人間の威厳、品位、自立、自由、精神的充足等の可能性にもとづいた人間関係が支配する状態をどうして実現できるのかを知りたいと願っていた。トルストイをはじめ何人かの人々は、文明によって汚されていない素朴な人々の世界観の中にそれを発見した。トルストイはルソーと同じく、農夫の道徳的宇宙は子供のそれと似ていて、貪欲、エゴイズム、精神的無理解などの人間の悪から発生した文明の慣習と制度によって歪められてはいない、と信じようとした。また、人々が自分の足下にある真理を見さえすれば、世界は救われる――見る気さえあれば、それはキリストの福音、山上の垂訓の中に見出せる、と思っていた。これらロシアの著作家たちのあるものは科学的合理主義や、社会変化についての真の理論にもとづいた社会・政治革命に信頼を寄せていた。またあるものは正統キリスト教神学の教え、あるいは西欧流の自由・民主主義、あるいはまた、ピョートル大帝とその後継者たちの改革によって曖昧にされる以前の古いスラヴ的価値に復帰することの中に、答を求めた。

これらすべての思想に共通なのは、中核的な問題については解決が存在しており、それを発見できるし、充分に献身的な努力をもってすればそれを地上で実現できると信じていたことであった。彼ら思想家たちは皆、人間たることの本質はいかに生きるべきかの選択が可能である点にあると信じていた。充分な熱意と献身ぶりでもって真の理念を信奉すれば、それによって社会を変革できると信じたのである。トルストイと同じく、人間は真に自由ではなく、人間の支配を越えた要因によって規定されていると考えたものもいたが、そのような思想家もこれまたトルストイと同じく、もし自由が幻想であったとしても、その幻想なくしては人は考えることも生きていくこともできないだろうということを、充分に知っていた。このような思想は、どれ一つとして学校で習ったものではない。学校のカリキュラムはラテン語とギリシャ語の著作家たちだけであった。しかしその思想は私の頭の中に残っていた。

私は、オックスフォード大学の学生になると、大哲学者たちの著作を読み始めた。そして重要な哲学者、特に倫理・政治思想の分野の哲学者たちもロシアの思想家たちと同じ信念を持っていることを知った。ソクラテスはこう考えた。外的世界についてのわれわれの知識を合理的な方法によって確実なものにできるとすれば(空の太陽がいかに小さく見えようとも、それはペロポネソス半島よりも何倍も大きいという真理に、アナクサゴラスは到達したではないか)、それと同じ方法で人間の行動という分野——いかに生きるべきか、何であるべきか――においても同じような確実性を得られるだろうと。プラトンの考えでは、そのような確実性に到達したよりすぐりの賢者たちには、人間と社会の諸問題に対する正しい解決法によって定められた型に従って、知的にあまり恵まれていない他の人々を支配していく権力が与えられるべきであった。ストア派の人々は、理性によって生きようと決めた人々は、誰でもそのような解決方法を知ることができると考えた。ユダヤ教徒、キリスト教徒、イスラム教徒は(私は仏教についてはほんの少ししか知らなかった)、真の答は神から神の選んだ預言者と聖者たちに啓示されたと信じていた。そしてこの啓示された真理についての有資格の教師たちの解釈を受け入れ、自分たちの属する伝統を承認した。

一七世紀の合理主義者たちは、答はいわば形而上的な洞察力、万人に与えられている理性の光明をうまく利用して発見できると考えた。一八世紀の経験主義者たちは、自然科学が数学的技術によって非常に多くの誤り、迷信、独断的なナンセンスを追放して広大な新しい知識の領域を切り拓いたことに深い感銘を受けて、かつてのソクラテスのように、同じ方法によって人間に関する領域においてもそれに似た確固たる法則を確立できないのであろうか、と問いかけた。自然科学の発見した新しい方法によって、社会領域にも秩序を導入できるであろう――規則性を発見し、仮説を立て、実験によって検証できる、それにもとづいて法則を定式化し、特定の経験領域での法則はより広い法則に内包されていると判断できるようになり、その広い法則はさらに一層広い法則に内包されていると見ることができるようになるであろう、こうして上へ上へと登って行って、ついには一貫した論理の鎖でつながった大きな調和の体系――それは精密な、つまりは数学的な形式で表現できる――を確立できるであろう、というのである。

社会の合理的再編成とともに、精神的、知的な混乱、偏見と迷信の支配、証明されていない教義に対するやみくもな服従、そしてこのような知的暗黒から生まれ、それによって助長されている抑圧的体制の愚かさ、残酷さが終るであろう。足りないのは、人間の必要としている主要なものを確認し、それを充足する手段を発見することだけである。それによって、幸福で自由、公正で有徳な調和のある世界が創出されるであろう。このような世界を、コンドルセは一七九四年、〔死刑を待つ〕獄中にあって感動的に予見したのであった。このような見解は、一九世紀のすべての進歩的思想の基礎に横たわっていた。そして私がオックスフォードの学生として身につけた批判的経験主義の核心にあったのも、それであった。

三

私はある時点で、これら一切の見解は一つのプラトン的な観念を共有していることに気づいた。第一に、すべての真の問題には科学におけるのと同じくそれぞれ一つの真の答、ただ一つの答があり、他のすべての答は必然的に誤りであるという観念である。第二に、これらの真の答を発見するための信頼できる道があるはずだという観念である。第三には、これらの真の答が見出されたならば、それは必然的に互いに両立でき、一つの真理がもう一つの真理と両立可能であるならば、これらの真の答は一つの全体を形成しているはずであり、このことは経験以前のものとして判っているという観念であった。このようないわば全知の観念が、宇宙的なジグソウ・パズルの解決策だったのである。道徳の場合については、宇宙を支配する法則の正しい理解にもとづけば、何が完全な人生でなければならないかを認識できると考えられていたのである。

たしかに、このような完全な知識の状態には到達できないかもしれない――われわれの理性は乏しく、あるいはわれわれは弱く、あるいは腐敗し、あるいは罪深く、それを実現できないかもしれない。知的な障害、あるいは外的な性質の障害など、障害はあまりにも多いかもしれない。その上、すでに述べたように、どれが正しい道かについて意見があまりにも大きく違っていた——あるものはそれを教会の中に、またあるものは実験室の中に見出した。あるものは直観を信じ、またあるものは実験を信じた。神秘的なヴィジョンを信じるものがいるかと思えば、数学の計算を信じるものもいた。しかし、われわれ自身がこの真の答、そのすべてを織り成している究極の体系にまでは至れないとしても、答は存在するはずであった——さもなければ、問題の方がおかしかったのである。答は、誰かには判っているはずであった。おそらく楽園のアダムは知っていたであろう。この世の終りになってようやく知ることになるかもしれない。人間には知ることができないとしても、天使は知るであろうし、天使にも知ることができないとしても、神は知っているであろう。このような時間を超えた真理は、もともと知りうるはずなのであった。

何人かの一九世紀の思想家たち——ヘーゲル、マルクス——は、ことはそう簡単ではないと考えていた。時間を超えた真理などはない。歴史的な発展、継続的な変化があり、人間の視界はこの進化の梯子《はしご》の上で一歩登るごとに変化する。歴史のドラマには何幕もの段階があり、それは思想と現実の両方の世界におけるさまざまな力の対立で動いていく。その対立は弁証法と呼ばれ、戦争、革命、さまざまな民族・階級・文化・運動の激烈な変動という形をとった。しかし、後退、失敗、中断、野蛮状態への復帰などが避け難いことだとしても、それでもコンドルセの夢は実現するであろう。このドラマはハッピィ・エンドで終ることになるであろう——人間の理性は過去において勝利した、それをいつまでも抑えておくことはできないであろう。人間はもうこれ以上、自然の犠牲、自分で作ったもっぱら非合理な社会の犠牲にはならないであろう。理性は勝利し、全宇宙の調和のある協力関係、真の歴史がそこからついに始まると考えられていた。

もしそうでなければ、進歩の理念、歴史という理念は無意味になってしまうのではないか。いかに苦しかろうと、無知から知識へ、神秘思想と子供じみた夢想から現実を直面した認識へ、事実としての真理だけでなく真の目標、真の価値にむかっての動きというものがあるのではないか。歴史は目的のないたんなる事実の連続、物的な要因と気まぐれな選択の作用の混じり合ったもので動き、何の意味もない空騒ぎなのであろうか。そんなことは考えられない。平凡な男女が自らの生活を自らの手に握り、利己的な人々や彼らには理解できないかくれた諸力にもてあそばれなくなる日が、やがて来るであろう。そのような地上の天国がいかなるものであるかを認識するのは、不可能ではないであろう。そしてもし認識可能ならば、ともかくわれわれはそれに向って進むことができるであろう。古代ギリシャ人から中世キリスト教の夢想家たち、ルネサンス思想から一九世紀の進歩思想にいたるまで、倫理思想の中心にあったのはそのような考えであった。そして今日でも、多くの人々がそう信じているのである。

四

読書歴のある段階で、私は自然にマキアヴェッリの主要著作に出会った。それは私に深くかつ永続的な感銘を与え、それまでの私の信じてきたことを動揺させた。これらの著作から私の抽き出したのは、マキアヴェッリのごく普通の教え——政治権力をいかにして獲得し保持するか、支配者たるものが社会を再生し、あるいは内外の敵から国家を守ろうとするならば、いかなる力、いかなる策略によって行動しなければならないか、また国家が繁栄するには支配者の主要な資質、市民の主要な資質はいかなるものでなければならないか——ではなく、いくらか別のものであった。マキアヴェッリは歴史主義者ではなかった。彼は共和政期ローマや帝政初期のローマに似たものを復活するのは可能だと考えていた。そのために必要なのは、いかに機会を捉え、それを利用するかを知っている、勇敢で機略に富み、知的で才能のある人々からなる支配階級であり、他方で充分な保護を受け、愛国的で自国を誇りにする市民、男らしい異教的な美徳《ヴィルトゥ》を体現した人々であった。ローマはそのようにして強大になり世界を征服したのであり、それがついには没落したのは、逆境にあってそのような知恵、活力、勇気、つまりライオンと狐の双方の資質が不在だったからであった。頽廃した国々は、このような美徳を保持している活発な侵入者に征服された。

しかし同時にマキアヴェッリは、このような異教的美徳と並んでキリスト教的な美徳の観念——謙虚さ、苦難の受容、世俗離れ、死後の救済への願望など——を打ち出している。そして、彼は明らかにローマ型の国家を望んでいたが、そのような国家を樹立するにはキリスト教的な美徳では役に立たない、キリスト教道徳の教えによって生きるものは容赦なく権力を追求する人々に踏みにじられるに違いない、むしろこのような権力者だけが彼の望んでいるような共和国を再興させ支配していけるのだ、と言う。キリスト教的な美徳を非難しているのではない。二つの道徳は両立していないと指摘しているだけなのである。そして彼は、人間にとっての正しい生き方を定めることができるような何か超越的な基準を認めていない。異教的美徳《ヴィルトゥ》とキリスト教的価値を結び合わせるのは、彼には不可能なことである。そのどちらを選ぶかは、あなたに委ねるのである——彼自身がどちらを好んでいるかは、彼は知っている。

これが私の心に植えつけた考えは、人類が現在、そして過去に追求した最高価値のすべては必ずしも両立する訳ではないという認識であった。これは一種のショックであった。それは、永遠の哲学(*philosophia perennis*)にもとづいていた私のそれまでの仮定——さまざまな真の目標、人生の中心的な問題についてのさまざまな真の答の間には対立はないという仮定を掘り崩してしまった。

次いで私は、ジャンバッティスタ・ヴィーコの『新しい学(*Scienza nuova*)』と出会った。当時のオックスフォードでは、ヴィーコのことを耳にした人はほとんどいなかった。しかし一人の哲学者、ロビン・コリングウッドがいた。彼はクローチェのヴィーコについての本を翻訳し、私にそれを読むよう勧めてくれた。それが何か新しいものに対して私の目を開かせた。ヴィーコは人間社会のさまざまな文化の継起関係に関心を抱いていたようであった。彼から見れば、すべての社会は現実に対するそれぞれの見方、その社会が生きている世界についての見方、その社会自身についての見方、そして自らの過去に対する関係、自然との関係、自らの追求しているものとの関係についての見方を持っていた。このような社会観は、その成員がすること、考えること、感じることのすべてによって伝えられる。彼らの用いている単語、言語の形式、イメージ、暗喩、礼拝の形式、そこから生まれる制度の中で表現され、かつ体現されている。それが彼らの現実観、その現実の中での彼らの地位についての見方を体現し、伝えていく。それによって彼らは生きていくのである。これらの見方は、時々に出現してくるそれぞれの社会全体によって違っている。それぞれの社会が、他の社会と同じ基準では比較できないそれ自身の才能、価値、創造の様式を有している。したがって、それぞれをそれぞれの基準によって理解しなければならない。そして理解することは、必ずしも評価することではない。ヴィーコの言うには、ホメロスの描くギリシャ人、つまり当時の支配階級は残酷で野蛮でケチで、弱者に対して抑圧的であった。それでも彼らは、イリアッドとオデッセイを創造した。もっと文明開化した今日のわれわれにもできないことである。このような偉大で創造的な傑作は彼らだけのものであり、ひとたび世界の見方が変化すると、そのような型の創造の可能性も消滅してしまうのである。われわれにはわれわれの科学があり、現代の思想家、詩人がいるが、古代から現代に登ってくる梯子段がある訳ではない。もしそうだとすれば、ラシーヌはソフォクレスより優れた詩人だとか、バッハはベートーヴェンへの萌芽であるとか、あるいは印象派はフィレンツェの画家たちが目指しながらついには到達できなかった頂点であるとか言うのは、馬鹿げたことになるはずである。これらさまざまな文化の価値は違っており、それらの価値は必ずしも両立しないのである。ヴォルテールは、暗黒の海に漂う啓蒙された例外的な時代——古典時代のアテナイ、ルネサンス期のフィレンツェ、ルイ一四世治下の「偉大な世紀(grand siècle)」とその時代のフランス――の価値と理想はほとんど同一であると考えたが、それは間違っていた。(1) マキアヴェッリのローマは、実際には存在しなかった。ヴィーコにとって文化は複数存在しており(反復するサイクルを成してはいたが、それは重要な点ではなかった)、それぞれに独自のパターンを有していた。マキアヴェッリは、二つの両立不可能な世界観という観念を打ち出した。ここには二つの社会があり、それぞれの文化は異なった価値――目的に対する手段としての価値ではなく、究極の目的、目的それ自身としての価値――で形成されている。その価値はすべてが人間的な価値であるから、あらゆる点で異なっている訳ではないが、しかし深く和解不可能な形態で異なっており、何らかの最終的な総合の中に結合できないようになっている、というのである。

その後、私は自然に一八世紀ドイツの思想家ヨハン・ゴットフリート・ヘルダーに向っていった。ヴィーコは文明の時間的継起関係について考えたが、ヘルダーはさらに進んでいた。彼は多くの国と時代の国民文化を比較し、すべての社会には彼がそれ自身の重心と呼ぶものがあると主張した。その重心が社会ごとに異なっている、というのである。スカンディナヴィアの歴史神話や聖書の詩情を理解したいと彼は願っていたが、それならばこれらの対象に一八世紀パリの批評家たちの美学的基準を適用してはならない。人々が暮し、考え、感じ、お互いに話し合うそのやり方、彼らの着ている衣服、彼らのうたう歌、彼らの礼拝する神、彼らの食べる食物、彼らに固有の仮定・風俗・習慣——社会を作るのはまさにこのようなものであり、それぞれの社会はそれ自身の「ライフ・スタイル」を有しているのである。社会は多くの点で互いに似ているであろう。しかしギリシャ人はルター派のドイツ人とは違っており、中国人はその双方とも違っている。彼らがそれぞれに目指しているもの、恐れたり礼拝したりしているものは、およそ似ていないのである。

このような見方は、文化的ないし道徳的相対主義と呼ばれている。私の大いに尊敬している偉大な学者で、私の友人でもあるアルナルド・モミリアーノは、ヴィーコ、ヘルダーの両方がそうであると考えていた。彼は間違っていた。それは相対主義ではない。ある文化に属する人々は、想像による洞察とでも呼ぶべき力によってたとえ時間や空間が大きく隔ってはいても、他の文化、他の社会の価値、理想、生活様式を理解(それをヴィーコはentrareと呼んだ)できる。彼らは他の文化の価値を受け入れがたいと思うかもしれない。しかし心を充分に拡げさえすれば、自分の価値とは大きく異なった価値のもとで生きてはいるが、お互い意志を通じ合うことのできる立派な人間がいることを理解できるのである。自分の価値とは異なるとはいえ、それもまた価値、人生の目的、それを実現することによって人間としての充実を感じることのできるような価値であると認識できるのである。

「私はコーヒーが好き、あなたはシャンペーンが好き、二人の好みは違っており、それだけのことだ。」これが相対主義である。しかしヘルダーの見方、ヴィーコの見方はそうではない。それを私は多元主義と呼びたいと思っているが、それは、人の求める目的は数多く、かつ多様であるが、人々はそれぞれ充分に合理的でかつ人間的であり、お互いに理解し共感し学び合うことができるという考え方である。われわれはプラトンや中世日本の小説からも学ぶことができる。いずれもわれわれからは非常に遠く離れた世界であり、世界観である。もちろん、これら遠くのものとも共通な何らかの価値がなければ、それぞれの文明は外からは入れないそれ自身の風船のようなものの中に封じ込められ、われわれはまったく理解できないであろう。シュペングラーの文明類型は、結局そのようなものであった。時間と空間で隔てられた二つの文化の間の相互コミュニケーションは、人間を人間たらしめているものが双方に共通であり、異なった文化の間をわたす橋として機能しているからこそ可能なのである。しかしわれわれの価値はわれわれのもの、彼らの価値は彼らのものである。他の文化の価値を批判したり非難したりすることはできるが、それをまったく理解できないといった振りをすることはできない。それを完全に主観的なもの、われわれ自身の好みとはまったく違っていて、われわれにはまったく話しかけてくることのない異なった環境に住む人々の文化と見なす訳にはいかない。

いわば客観的価値の世界がある。客観的価値とは、人々がそれ自体のために追求する目的であり、他のものはそのための手段となるような目的である。私は、ギリシャ人が価値としているものを理解していない訳ではない。彼らの価値が私の価値ではないとしても、それによって生きるのはどんなことかを、私は理解できる。私はギリシャ人の価値に感心し、それを尊敬することができるし、さらには私自身その価値を追求していると想像することもできるであろう——実際にはギリシャ人の価値を追求しているのではなく、そうしたいと願っている訳でもなく、また願ったとしてもおそらくできないことではあろうが。生活様式は異なっている。目的、道徳原理は数多くある。しかし無限に多い訳ではない。すべて人間の視野の中に入るはずである。そうでなければ、人間の領域の外のことになってしまう。樹木に礼拝している人たちを見かけたとしよう。樹木が豊饒のシンボルであるから、あるいは木がそれ自身の神秘的な生命と力をもった神性のものであるから、あるいはこの森がアテナにとって神聖であるから、礼拝しているのではない。ただそれが木から成っているという理由で礼拝しているのであり、何故木に礼拝するのかと質問しても、「それが木だからである」とだけ言って、それ以上の答は出てこないとしよう。その場合には、私にはこの人たちの意味が判らない。彼らが人間であるとしても、私の意志疎通できる相手ではない――本当に両者を隔てる壁があるのである。彼らは私にとっては人間ではない。そのような生活を送ることがどんなことか、それが私に認識できなければ、彼らの価値を主観的と呼ぶこともできなくなるであろう。

明らかなのは、価値が互いに衝突することもあるということである。それが、二つの文明が両立不可能になる理由である。価値は文化と文化の間で、同じ文化に属する集団と集団の間で、さらにはあなたと私の間で両立不可能になり得る。あなたは、たとえ何であれ真理を語ろうと決意している。私は、それは時としてあまりに苦痛が大きく、破壊的になり得ると信じているから、そうは考えていない。われわれ二人は、お互いの見方を論じ合い、共通の根拠に達しようと努力することもできる。しかしついには、あなたの追求していることは私が自分の生涯をかけて求めている目的と和解させられないかもしれない。価値は、個人の胸中においてさえも簡単に衝突する。そして衝突したからといって、一方が真で他方が偽りということには必ずしもならない。公正さ、厳格な公正さは、ある人々にとっては絶対的な価値である。しかしそれは、慈悲、あわれみなど、具体的な事例で生じてくる、彼らにとっての公正さと同じく究極的な価値とは両立できない。

自由と平等はともに、何世紀かを通じて人間が求めてきた第一次的な目標である。しかし、狼にとっての絶対的自由は小羊にとっての死であり、強い人々と、才能のある人々にとっての全面的自由は、弱い人々、あまり才能のない人々がまともに生きていく権利とは両立しない。芸術家が傑作を生み出そうとして、家族を不幸で悲惨な目にあわせるような生活を送り、それに対してとんと無関心ということもある。われわれは彼を非難し、傑作も人間の必要のためには犠牲にしなければならぬと言うこともできるし、逆に彼の側につくこともできる。いずれの態度も、ある人々にとっては究極の価値を体現している。われわれに人間というものに対する何らかの共感と想像力と理解があれば、その価値はわれわれすべてに理解できるであろう。平等は、大きな顔をしたいと思っている人の自由を制約することを必要とするかもしれない。自由なくしては選択の余地がなく、したがってわれわれの理解する意味で人間的である可能性もなくなってしまう。しかし、社会福祉の余地を残し、餓えたものに食を与え、裸のものに衣服を着せ、家のないものに住居を与え、他人の自由に余地を残し、正義や公正が行なわれるようにするためには、自由を削減しなければならない。

アンティゴーネは一つのディレンマに直面し、ソフォクレスはそのディレンマに一つの解決策を出しているようである。サルトルはそれとは逆の解決策を提出し、ヘーゲルはより高いレベルへの「止揚」を提唱している――この種のディレンマに苦しんでいる人々には、貧弱な慰めでしかないが。自発性は人間の素晴らしい資質であるが、組織的な計画性、何をどれだけ、いかにして、どこについての正しい計算――社会の福祉は大きくそれにかかっている――とは両立しない。最近のことであるが、あの苦悶に満ちた選択のことについては誰もが知っているであろう。恐るべき専制に対しては、あらゆるものを賭して、自分の両親や子供の生命を犠牲にしてまでも抵抗すべきなのか。危険な裏切者や犯罪者についての情報を引き出すために、子供も拷問にかけねばならないのか。

このような価値の衝突、それは彼らが何であり、われわれが何であるかの本質である。このような矛盾は、一切のよいことが原則的に調和することができるような完全な世界においては解決されるであろうと誰かが言うならば、われわれはそう言う人々にこう答えねばならない。われわれが衝突する価値と呼ぶものについて、彼らが付している意味はわれわれの付している意味ではないと。さらにこう言わねばならない。われわれが両立不可能の価値と見ているものが対立していない世界は、われわれの視野をまったく超えた世界であり、この別世界で調和させられている諸原理は、われわれが日常生活の中で馴れ親しんだ諸原理ではない。もし原理が転換するとしても、地上のわれわれには判らない観念への転換である。しかしわれわれは地上に生きており、われわれが信じ、かつ行動しなければならないのは、この地上であると。

よいことのすべてが共存している完全な全体、究極の解決という観念は、たんに到達不可能――それは当然のことである――であるばかりか、概念的に一貫していないと私は思う。このような調和が何を意味しているのか、私には判らない。偉大なる善(Great Goods)のうちのいくつかは、共存しえないだろう。このことは概念上の真理なのである。われわれは選ばねばならぬという運命にある。そしてすべての選択は、取り返しのつかない損失を招くかもしれない。疑いをかけずに規律を承認し、そのもとで暮している人々、精神的指導者か世俗の指導者かは問わず、指導者の命令に進んで服従し、その言葉を破るべからざる法則として全面的に認めている人々、あるいは自らの方法によって何をなすべきか、何であるべきかについて何の疑いも容れない明確で揺ぎのない確信に到達した人々――こういう人々は幸せである。このような人々について私に言えることは、次のことだけである。独断のこのような安らぎのベッドに憩える人々は、自分から近視眼にかかっており、自己満足はできても人間的であるとは何のことかについては理解できないであろうと。

五

完全状態がわれわれの努力の本来の目標であるという観念に対して、これまで理論的な反論を加えてきた。私としては、それは決定的な反論であると思う。しかしそれに加えて、この観念に対するもっと実際的な社会心理的障害がある。人類はこれまで長い間単純な信仰のもとで育てられており、どのようなものであれ哲学的な議論に対しては抵抗を感じるものであるが、単純な信仰をもっている人々にとっての障害があるのである。たしかにある種の問題は解決できる。個人生活においても社会生活においても、ある種の病気は治療できる。飢餓や不幸や不正から他の人々を救い出すことができる。奴隷状態や投獄の状態から救い出すこともできる。つまり善行をなすことができる――どのような文化に属しているにせよ、誰にも善悪という基本的感覚がある。しかし社会を研究すればすぐ判るように、すべての解決が新しい状況を生み出し、その状況がそれ自身の必要と問題、新しい要求を発生させる。子供たちは、自分の父や祖父が憧れていたもの――より大きな自由、よりよい物質的福祉、より公正な社会――を手に入れる。しかし古い病気は忘れられ、子供たちはまさに古い問題が解決されることからもたらされた新しい問題に直面する。そして新しい問題は、たとえ解決できたとしても、それが新しい状況を発生させ、それとともに新しい要求が生まれ——こうして、いつまでも続いていくであろう。しかも予想もできない形で。

まだ判っていない結果の、そのまた結果の結果についてまで、立法措置をとることはできない。マルクス主義者はわれわれに対してこのように言う。ひとたび戦いに勝利し真の歴史が始まると、生じてくる新しい問題はそれ自身の解決を生み出し、解決は調和した無階級社会の連合した諸力によって平和的に実現されていくと。これは一種の形而上的楽観論であって、歴史的経験の中にはそれを証明する証拠がない、と私は思う。同じ目標が普遍的に承認されている社会では、問題は手段についてだけ生じ、すべては技術的方法によって解決される。その社会では、人間の内面生活、道徳的、精神的、美的な想像力はもはやまったく通用しない。このような社会のために、罪もない人々を殺し、全社会を奴隷化しようというのであろうか。ユートピアにはそれなりの価値がある。人間の潜在能力の想像上の地平線を、これほどまで見事に拡げてくれるものはない。しかし行為への指針としては、ユートピアは文字通り命とりになり得るのである。ヘラクレイトスは正しかった。万物は静止できない。

そこで私の結論はこうである。最終的解決という観念そのものはたんに実践不可能というだけではない。いくつかの価値は衝突せざるを得ないという私の考えが正しいとすれば、それは矛盾してもいるのである。最終的解決の可能性——「最終的解決」という言葉がヒットラーの時代には恐るべき意味を持っていたことを、たとえ忘れるとしても——は幻想であり、しかもきわめて危険な幻想であることが明らかになるであろう。というのは、もしそのような解決が可能だと本当に信じるなら、それを得るためにいかなる犠牲を払っても惜しくはないはずということになるからである。人類を永遠に公正で幸福、創造的で調和的にするのである。いかなる代償を払っても決して高すぎるということにはならないであろう。そのように素晴らしいオムレツが作れるならば、たしかに大量の卵を数限りなく割るべきであろう。それがレーニン、トロツキー、毛沢東の信念であり、私の知っている限りではポル・ポトの信念でもあった。私は社会の諸問題の究極的解決にいたる唯一の真の道を知っている。したがって私は、人類のキャラヴァンをどの道に導いていくべきかを知っている。そして私の知っていることについて、あなたは無知であり、したがって目標に到達しようというなら、あなたはきわめて狭い限界内のものであっても選択の自由を持ってはならない。あなたは、ある政策があなたをより幸せに、より自由にする、あるいは呼吸するだけの余裕を与えると言うが、私はあなたが間違っていることを知っている。あなたに何が必要で、すべての人に何が必要かを、私は知っている。もし無知ないし悪意にもとづいた抵抗が生じたならば、粉砕しなければならない。何百万もの人々を永遠に幸福にするには、何十万かの人々を滅亡させねばならなくなるかもしれない。究極の解決を知っているものにとって、一切を犠牲にすると覚悟する以外に選択の道があるであろうか。

いく人かの「武装せる予言者たち」は人類を救おうとする。いく人かは、自分自身の民族に何か優れた属性があると考え、それだけを救おうとする。いずれの動機によるにせよ、戦争や革命――ガス室、強制収容所、大量虐殺、その他、今世紀の名を高からしめたありとあらゆる残虐行為――の中で奪われた何百万の人命は、将来の世代の幸福のためにわれわれが支払わねばならなかった代価であった。人類を救おうという願いが真面目なものであるなら、心を頑《かたくな》にし、また犠牲を数えてはならない。

この問題に対して、一世紀以上も前、ロシアの急進派アレクサンドル・ゲルツェンが答を出している。彼のエッセイ『向う岸から』は、事実上一八四八年革命に対する追悼の言葉であったが、そこで彼は、彼の時代に新しい形態の人身御供が現われたという。それは民族、教会、党、階級、進歩、歴史の諸力などといった抽象概念の祭壇の前に生きた人間を犠《ささ》げることであり、このような概念は、彼の時代にも現代にも用いられている。それが人命を奪うことを要求するなら、その要求を満さねばならない。彼の言葉ではこうである。

もし進歩が目標ならば、われわれは一体誰のために働いているのであろう。この進歩というモロク神〔旧約聖書に登場する異教の神。親が子を生け贄として捧げた〕とは、一体誰なのか。この神は、苦役に苦しむ人々が近づいていくと、その苦労に報いないで、かえって身を引く。そして疲れ果て悪運を背負わされた大衆が「まさに死なんとするものからの挨拶(*morituri te salutant*)」を叫ぶとき、彼らに対するモロク神の慰めの言葉は［……］彼らの死後、地上ではすべてが美しくなるであろうという嘲りの答なのである。今日の生きている人類を、膝まで泥につかって「未来の進歩」という旗を掲げた荷船を曳くあわれな奴隷という悲しい役割に本当につけようと願っているのか。［……］限りなく遠い目標は目標ではない。欺瞞でしかない。目標はもっと近いものでなければならない。少くとも労働の賃金とか、やっている仕事の喜びとか。[2]

われわれが確実に知っていることが一つあるとすれば、それは犠牲、瀕死の人々、そして死者という現実である。しかし、彼らが死んでも仕えようとした理想は、今も実現されていない。卵は割られており、卵を割る習慣だけは大きくなったが、オムレツは今も目に見えない。短期的な目標のための犠牲、つまり強制は、人間の苦境が本当に絶望的で、そのような手段が真に必要とされるというなら、それも正当化できるかもしれない。しかし、遠い目標のためのホロコーストは、人間にとって今も、そしていつも大切であったものを残酷に冷笑する行為に他ならない。

六

究極の調和を実現できるという古くからの信念が偽りであり、私がよりどころとした思想家たち――マキアヴェッリ、ヴィーコ、ヘルダー、ゲルツェン――の立場が妥当だとすれば、つまりさまざまな偉大な善(Great Goods)の間に衝突が起りうるし、善のうちのいくつかは共存できるとしても共存できないものもあり――要するに原則的にも実践的にも、よいことすべてを手に入れることができないとすれば、そして人間の創造性が多くの互いに両立しない選択の上に成りたっているとすれば、かつてチェルヌイシェフスキーとレーニンが問うたように、「何をなすべきなのか」という問いに直面せざるを得ない。いくつもの可能性の中から、どのようにして選択すればよいのか。何のために、何を、どれだけ犠牲にしなければならないのか。明確な答はない、と私は思う。しかし、衝突は避けられないとしても、それを柔らげることはできるであろう。さまざまな主張の間にバランスを作り、妥協に到達することはできるであろう。具体的な状況では、すべての主張が同じ力を有しているわけではない。これだけの自由とこれだけの平等という風にバランスがある。激しく道徳的に非難する一方で、与えられた人間的状況を斟酌しようとする。法の力を全面的に用いる一方で、特赦権を用いようとする。餓えたる人々に食を、裸のものに衣服を、病めるものに医療を、家のないものに住居を、それぞれの間にバランスがある。決して最終的で絶対的なものではないとしても、優先順位をつけねばならないのである。

第一の公的な義務は、極端な苦しみを避けるということである。絶望的な状況では、革命、戦争、暗殺等々、極端な手段が必要になるかもしれない。しかし、歴史の教えるところでは、そのような手段の結果が予想通りであったことは滅多になかった。そのような行動が事態を改善させるという保証はないし、時によっては充分な可能性さえもない。個人生活においても公的な政策においても、激烈な行動に出なければならないことがある。しかし、間違っているかもしれないということを常に意識し、それを決して忘れてはならない。そのような手段の効果に確信を持てば、必ずや罪もない人々が苦しむという結果になるのである。したがって、いわゆるトレード・オフを考えねばならない――それぞれの状況で、さまざまな規則、価値、原則を多少なりとも折れ合わせねばならない。功利的な解決が間違っていることもあるが、それが有益な解決になることも多いのではないか、と私は考えている。一般原則としてなし得る最善のことは、絶望的な状況の発生を防ぎ、耐えがたいような選択は避けられるような均衡状態を、たとえ不安定なものであっても維持していくことである。それが、まともな社会を作り出すための第一の必要条件である。個々の人々や社会についてのわれわれの知識の範囲は限られており、理解は不完全であるが、それでもこの条件を満たすよう努力することは、いつでも可能であろう。このような問題については、ある程度の謙虚さが非常に大切なのである。

これは、非常に味気ない答のように思えるかもしれない。新しい、もっと崇高な社会という大義のために、理想主義的な若者たちが、必要とあらば戦い、苦難を恐れずに願っているような答ではない。もちろん、さまざまな価値が両立不可能なことを、大げさに誇張してはならない。何が正しく、間違っているか、何が善であり、悪であるかについて、長い期間にわたってさまざまな社会に住む人々の間に、かなり大きなおおよその了解があった。もちろん、伝統、世界観、態度は違って当然である。一般原則が、人間としての必要と大きく喰い違うこともあろう。具体的な状況がほとんどすべてである。そこからは避けようもない。決断はしているが、それ以外の決断はしようにもできないといったものなのである。時には、道徳的なリスクも避けられない。望むことができるのはせいぜい、関連のある要因は何ひとつ見落していないことである。われわれの実現しようとしている目的を生活形態の全体——その形態が決断によって強められたり弱められたりするのである——の中の一要素として見なければならない。

しかし結局のところ、ことは純粋に主観的な判断の問題ではない。それは自分の属している社会の生活形態によって決定されている。さまざまある多くの社会の中の一つでありながら、そこには共通の価値があり、対立関係にあるかどうかはともかく、人類の歴史を通じて人類の多数が支持してきた価値がある。普遍的な価値ではないとしても、ともかく最小限共通の価値、それがなければ社会が存続していけないような価値がある。今日、奴隷制や儀式としての殺人、ナチ流のガス室、慰めや利益や政治的善のための人間に対する拷問——フランス革命やロシア革命が要求したような、義務として子が親を密告すること、あるいは非情の殺人等々を擁護しようとする人は、ほとんどあるまい。この点については妥協は正しくない。しかし他方、完璧を求めることは流血への道である、と私は思う。もっとも誠実な理想主義者、もっとも純な魂の持主がそれを望んでいるからといって、ことに変わりはない。カントのように厳格な道徳論者はあまりいなかったが、その彼でさえもが一瞬の啓示を受けて、「人間性という歪んだ材木からは、真直ぐなものはかつて何も作られなかった」と語ったのである。(3) 独断的に信じ込んだ計画に必要であるとして人々にきちんとした制服を着せようとするのは、ほとんどいつも非人間的なことへの第一歩であった。われわれにはできることしかできない。しかし、いろいろ困難があってもそれはやらねばならない。

もちろん、社会的、政治的な衝突も起るであろう。積極的価値が対立しているにすぎぬという状態からでも、衝突が不可避になるであろう。しかし、不安定ながらも均衡を助長し保持することによって、対立を極小化できる、と私は信じている。この不安定な均衡はいつも崩れかけており、不断に修理していく必要がある。しかし、繰り返して言うが、それだけがまともな社会と道徳的に承認できる行動のための前提条件であり、それがなければわれわれは道を見失ってしまうであろう。解決策としてはあまりはえない、と言う人もあろう。たしかに、指導者が霊感を得たかのように人々に英雄的行為を求めていくような解決策ではない。それでもこの見方にはいくらかの真理があり、それで充分なのである。現代アメリカの著名な哲学者がかつてこう言った。「真理が発見された時、それは必ず面白い真理であると考えねばならないような先験的理由は存在しない。」(4)

真理であれば、さらには真理にいくらか近ければ、それで充分なのである。したがって私は、以上のことを述べたことについてお詫びを言うつもりはない。トルストイは、真理は「美しかったし、美しいし、今後も美しいであろう」と言った。[5] 倫理の世界でもそうなのか、私には判らない。しかしそれは、われわれ多くのものが信じたいと願っていることにはかなり近い。したがって軽々に無視したりすべきではない。

原　注

（1）ヴォルテールは、啓蒙はどこで得られようと本質的に同じと考えていたが、それは必然的に一つの結論に連なっていく。つまり彼の見解では、バイロンは孔子と同じ食卓に坐って楽しく思い、ソフォクレスは一五世紀のフィレンツェで、セネカはデファン夫人のサロンやフリードリヒ大王の宮廷でくつろいだことであろうということになった。

（2）A. I. Gertsen, *Sobranie sochinenii v tridtsati tomakh* (Moscow, 1954–66), vol. 6, p. 34.

（3）*Kant's gesammelte Schriften* (Berlin, 1900–　), vol. 8, p. 23.〔福田喜一郎訳「世界市民的見地における普遍史の理念」『カント全集』第一四巻・歴史哲学論集、一二頁、岩波書店、二〇〇〇年〕

（4）C. I. Lewis, *Mind and the World-Order: Outline of a Theory of Knowledge* (New York, 1929), p. 339.

（5） *Sevastopol in May*, chapter 16.〔中村白葉訳『セヴワストーポリ』九二頁、岩波文庫、一九五四年〕

解説　多元主義の思想史的起源

川出良枝

アイザイア・バーリンは、二〇世紀を代表する政治理論家であり、また、斬新な分析視角によって読者を魅了し続けた思想史家である。本書は、「マキアヴェッリの独創性」と「モンテスキュー」という、バーリン自身の政治哲学の形成に重要な影響を与えた思想家を分析対象とする二つの論考、同様に彼が深く傾倒したヴィーコに依拠しつつ歴史研究の意義を論じた「自然科学と人文学の分裂」、自らの知的遍歴を回顧しつつ、おのれの信念を率直に吐露する「理想の追求」を収録した。数あるバーリンの思想史作品の中でも、彼の政治思想の本質をとりわけ明瞭に浮き彫りにする傑作群である。

以下においては、まず、バーリンの思想史の方法の特質について簡単な検討を試みる。ついでバーリンにとって、自由(とりわけ「消極的自由」)と並んで生涯を通しての知的探求の課題となった多元主義(価値多元論)について、その骨子と関連する論点を示すことにしよう。最後に、こうした考察をふまえて、本書に収録した各論考の特質と意義を明らかにする。

バーリンの思想史方法論

バーリンの思想史作品は、世代的にはバーリンの次に登場し、二〇世紀後半に隆盛を極めたQ・スキナーやポーコックの一連の研究、すなわち歴史や言説のコンテクストを重視する思想史研究とはかなり色合いを異にする。その異質性は、バーリンの思想史研究はあくまでもバーリンの政治哲学者としての表現活動の一環であるというところに由来する。

実際、バーリンにおいて、哲学と歴史は密接な、とはいえ一定の緊張をはらむ興味深い関係に立つ。そもそも、若き頃のバーリンは政治哲学どころか、哲学の一般的課題にとりくむ分析哲学の分野で研究者としての人生を開始した。バーリン自身の回顧によれば、一九三〇年代のオックスフォード大学では、オースティンやその論敵のエイヤー等、気鋭の哲学者たちが寄り集い、若き知的エリートたちの閉ざされた空間で果てなき論争に興じていたという（「J・L・オースティンと初期のオックスフォード哲学」、『バーリン選集2』岩波書店）。もっとも、バーリン自身はエイヤーの論理実証主義に対しても、またオースティンの日常言語哲学に対しても批判と懐疑を深めていく。また、一九四〇年代から五〇年代にかけて、バーリンは歴史への傾斜を強め、思想史的なアプローチを駆使するスタイルに移行した。だが、この移行は単純なものではない。盟友でもあった哲学者のバーナード・ウィリアムスによる論評によれば、それは「歴史を無視する哲学から歴史を無視しない哲学」への移行に過ぎないというのである(B. Williams, "Liberalism and Loss," in R. Dworkin, M. Lilla and R. B. Silvers, eds, *The Legacy of Isaiah Berlin*)。

では、バーリンにとって哲学とは何か。「哲学の目的」(『選集2』)において、彼は哲学の目的を、自然科学や日常の経験的観察によっては把握できない事柄、たとえば「範疇、概念、モデル、思考様式もしくは行動様式」を特にそれらが相互に対立する様を示す場合に、可能な限り内部的矛盾が少ない比喩や範疇体系によって記述し説明することに求める。バーリンの哲学観にはカントの影響が強いとは言え、彼のみるところ、範疇や範型はカントが考えたように人間にとって永遠不変であるわけではない。それらの間には差異があり、また変化があるというのである。特に政治の領域における範疇や範型は多様な変化の相を示し、相互に抵触し合いつつ交錯する。政治に関する諸問題をより明晰に考えるためには、動態的で歴史的な姿をとる哲学が必要とされるというわけである。

バーリンの名を高からしめた「二つの自由概念」(『二つの自由概念 他四篇』岩波文庫、近刊)は、こうした方法的自覚が生んだ傑作である。まず、バーリンは、自由という概念の消極的定義と積極的定義を明らかにする。前者は、他者からの干渉から免れていることを自由とし、後者は外部の力ではなく、自分の意志に基づいて選択し行為することを自由とする。ただし、定義の段階では、彼はどちらかの自由が「正しい」自由であることを論証しようとはしない。両者はともに有効な概念であり、顕著な優劣があるわけではない。しかし、積極的自由の観念について、バーリンはそれが歴史過程において危険な含意と悲劇的な帰結——ナショナリズムや全体主義体制——を生み出したという点で、これに厳しい批判を加える。すなわち、自己支配を重視する積極的自由概念は、理性的な集団による「自由への強制」への転化を許してしまったというのである。概念の定義の正確さを競うだけではこぼれおちる、歴史過程における動態的な変容の過程を明かすもので、まさに「歴史を無視しない哲学」の面目躍如たる成果である。

バーリンの多元主義

だが、「二つの自由概念」はその高い声望ゆえに、バーリンの政治思想の全体像の理解を歪めるという皮肉な結果をもたらした。バーリンすなわち消極的自由を奉じる自由主義者というイメージが固定してしまったからである。種々の媒体に発表された彼の論考を一冊にまとめて世に送り出す作業が進むにつれ、ようやく、バーリンにとって自由の問題に負けず劣らず重要であったのが、多元主義であるという認識が共有されるに至った。実際、本書に収録した論考をひもとけば、彼がいかにこの問題に時間をかけて取り組んできたかが良く分かる。

では、バーリンの多元主義とは何か。「理想の追求」を元に説明しよう。バーリンのみるところ、人間の求める目的や価値は複数あり、それら多様な目的や価値の間で衝突が起こり、ときにはどうしても両立できない場合がある。こうした複数の価値の間に究極的な両立不可能性が存在し得ることを受け入れるのが多元主義である。これに対して、最終的には一切の矛盾が解決されるという立場、すなわち、「よいことのすべてが共存している完全な全体、究極の解決という観念」(本書二八六頁)を奉じる思想が存在する。バーリンは、こうした立場すなわち一元論——典型的にはナチズムや共産主義——を断固として退ける。人間は、究極の調和を実現できるという古くからの信念に決別し、複数の価値の併存という状況で生きるべきだというのである。

他方、彼の多元主義は、一見するとそれとよく似ている価値相対主義とも異なることに注意すべきである。彼の若い頃の論考において、両者の区別がやや曖昧で、そのせいもあってか、レオ・シュトラウスはバーリンを相対主義者と認定し批判した。だが、晩年にいたって、バーリンは両者を明確に区別するようになる。彼のみるところ、複数の異なる諸価値は、完全に主観的な嗜好の問題――コーヒーが好きか、シャンペーンが好きか、といった好みの違い――に還元されるものではない（本書二八一頁）。諸価値は客観的基盤をもち、異なる価値をもつ者や文明どうしの間でも、相互に理解し共感することはできる。こうした理解可能性は相互寛容の基盤となるが、他方で、理解した上で、なおもある価値が、歴史を通して多数の人間が支持してきた人間としての「最小限共通の価値」に反するとみなされた場合、それを寛容の外におく道は確保される。バーリンの真意は、別の論考で用いた比喩をあげればよく分かる。すなわち、価値相対主義とは、「親切が好みか、強制収容所が好きか」をコーヒーにミルクを入れるのを好むか否かと同列に扱うもので、バーリンにとって一元論と並んで批判すべき考えである（"My Intellectual Path," in I. Berlin, *Power of Ideas*）。

自由の擁護と多元主義

ひとたび多元主義に着目したバーリンは、西洋の思想の流れについてユニークな絵柄を描き出すことになる。一元論を前提とする哲学とは、プラトンの形而上学やヘーゲル、マルクス等の弁証法的歴史観に限られるわけではない。彼は、一七世紀から一八世紀に活躍したあまたの思想家――ロック、フランス啓蒙思想（ヴォルテールやディドロ等）、ヒューム、カント、ベンサム等――に対しても冷ややかなまなざしを向ける。経験論、自然権、科学や知識への信頼、功利主義など、それぞれが奉じる哲学に違いがあれども、彼らは共通して人間についての正しい科学（学問）というものが存在するという確信をもっていた。政治や社会は真理に基づいて運営されなければならず、それにより理想の体制、真に幸福な生活が実現する。こうした考えに、バーリンは深い懐疑の念を示す。ロックやヴォルテールのように自由の実現のために戦った理論家についても容赦はない。バーリン自身も個人の選択の自由をかけがえのない価値であると考えているにもかかわらず、自由に一元論的な基礎付けを与えようとする試みには警戒的である。自由の価値を奉じつつ、多元主義の立場からは自由を人類が共有すべき普遍的価値と安易にみなすことはできないとするのがバーリンの基本的立場である。

この問題について、バーリンのいわば肉声とも言える文章をあげよう。「二つの自由概念」に寄せられた批判に応える論考（「序論」（『自由論』みすず書房）において、バーリンはロシアの急進主義者ゲルツェンに仮託して、自らの心情を告白する。ゲルツェンによれば、人類の長い歴史において、自由などには関心ももたない者が大多数であり、少数の自由を求める人間とは、いわば、トビウオのようなものである。少数の魚が空を飛ぶからといって、魚の本質が空を飛ぶことだと言えないのと同様、自由は人間の本質であるとは言えない。だが、バーリンは、にもかかわらず生涯をかけて自由を求めたゲルツェンへの深い共感を隠そうとしない（ゲルツェンについては『ロシア・インテリゲンツィヤの誕生 他五篇』岩波文庫、近刊を参照）。

バーリンの自由主義と多元主義の間には矛盾はないのか。矛盾がないとすれば両者はどう調停されるのか。バーリン自身は、消極的自由の最低限の領域は、人間を人間たらしめる不可譲の要素であると主張する。もし多元主義が正しいなら、人間は複数の価値の中からどれかを不可避的に選ばざるを得なくなる。その意味で、多元主義は自由に特権的な価値を与えるというのである。こうした説明が十分であるかどうかについては長年にわたり論争があり、容易には解答のでない難問である。自由主義と多元主義の間の火花が散るような緊張関係が、様々な価値の並立と衝突を目撃せざるを得ない現代において、バーリンの思想をますます魅力的なものとする一因であろう。

以上で述べてきたようなバーリンの哲学は、個々の作品においてどのような形で表現されているのであろうか。順に検討を加えよう。

「マキアヴェッリの独創性」

本作は、数ある著者の論考の中でも、純粋な思想史論文としての評価が特に高いものである。実際、マキアヴェッリの一つの古典的解釈としてスキナーの『近代政治思想の基礎』をはじめ、しばしば研究書や概説書に引用されてきた。初出は、Myron P. Gilmore (ed.), *Studies on Machiavelli* (Florence, 1972: Sansoni) に収録された“The Originality of Machiavelli”である。ただし、草稿は五〇年代より学会やシンポジウムで口頭発表された。またその一部は、一九七一年一一月四日の *New York Review of Books* に別のタイトル（“The Question of Machiavelli”）で掲載された。

バーリンはいかなる点にマキアヴェッリの独創性を発見したのか。バーリンはまず既存の有力な解釈、すなわち、彼の革新性は道徳とは峻別される政治に固有の領域を発見した点にあるという解釈を退ける。バーリンによると、彼の新しさは、古代ギリシャ・ローマの異教的な徳（勇気、精神力、堅忍不抜、公共への功績、自らの正当な要求の主張および要求の充足に必要な知識と力など）とキリスト教的な徳（慈悲、あわれみ、犠牲、神に対する愛、敵の赦しなど）という二つの道徳が相互に両立し得ない関係にあることに気づいた点にある。この両者の間で中途半端な妥協を試みても無駄であり、そのどちらかを選ぶ必要がある。キリスト教道徳が要求する義務を守れば、ペリクレス期のアテナイや古代ローマ共和国を建設するのは原理的にも実際的にも不可能である。

こうしたディレンマの中で、マキアヴェッリ自身は異教道徳の方を選んだが、バーリンのみるところ、だからといって彼がキリスト教道徳を否定したわけではない。ホッブズのように利己主義的合理主義の体系的な道徳学説にもとづいて、キリスト教道徳の虚偽性を暴こうとしたわけではないのである。むしろ、複数の(もっぱら二つの)同じように究極的で、同じように神聖な目的が互いに対立し合いながら併存するのが人間の通常の状況であるということを洞察した点に、マキアヴェッリの真の独創性がある。

確かにこれは類例のないマキアヴェッリ論である。なるほど、思想の解釈としてみるなら、物足りない部分もある。バーリンはマキアヴェッリを共和主義者とみなし、『君主論』と『ローマ史論(ディスコルシ)』との関係についてはさほどの関心を示さず、両者をやや性急に同列に扱う。マキアヴェッリが無神論者ではなかったという指摘は卓見であるが、そのキリスト教観の内実については掘り下げる余地があろう。

とはいえ、こうした点を超えてこの作品が注目を集めるのは、そこにおいて、マキアヴェッリの知られざる側面を明らかにするという学術的分析と分析者であるバーリン自身の哲学の生成の過程とが見事に連動しているからであろう。自らの知的道程を回顧する中で、バーリンは、真理の唯一性や進歩の観念を信じていた若き日の自分がそれに疑念を抱くようになったのは、マキアヴェッリを読むことによってであったと述懐する

（本書「理想の追求」）。かくも重要な転換点を与えてくれた先達への敬意が、この論考の根幹をなしている。

「自然科学と人文学の分裂」

マキアヴェッリを通して一元論を放棄したバーリンは、次いで、ヴィーコとヘルダーを通して、多元主義の本格的討究に向かった。同時代においてまったく、あるいはさほど脚光を浴びることのなかった二人について、バーリンは賛辞を惜しまない。端的に述べるなら、二人は歴史決定論に抗し、一つの歴史の物語（典型的には進歩という物語）に還元されることのない異質な文化の併存に着目した論者として高く評価されたのである。本作品の他、「反啓蒙思想」（『反啓蒙思想　他二篇』岩波文庫）など多くの論考で言及され、さらには単著『ヴィーコとヘルダー』（みすず書房）が刊行された。

論文「自然科学と人文学の分裂」の初出は、一九七四年にイリノイ大学で行われた第二回ティコチナー（Tykociner）記念レクチャー“The Divorce between the Sciences and the Humanities”である。本論文において注目すべきは、ヴィーコの歴史観を支える知識論である。そもそも、ヴィーコはアリストテレス以来の、またデカルトにも踏襲された人間の知識についての了解を百八十度転回したことで知られている。伝統的な知識論は、われわれは人間の外側にある物理的自然については正しい知識を獲得できるが、人間的事象についての知識は不確実であるとみてきた。だが、ヴィーコによればこれは逆である。物理的世界は外面的に知ることができるにとどまるが、人間が作った一切のもの、数学、詩、音楽、法律、その他一切の文化や制度については、人間はこれを「内から」正確に理解することができる。というのもそれは神ならぬわれわれ人間自身が作ったものだからである。であるならば、自然科学をモデルとして、法や制度、文化や神話、さらには歴史を理解しようとするのは本末転倒である。バーリンはこのようにヴィーコの知識論を整理し、自然科学と人文学との混合を戒める。

もっとも「内から」理解するにはどういう方法を用いるべきか、という点についてのバーリンの説明は、ヴィーコの哲学が難解であることもあいまって、やや分かりにくい。学識ある想像力、洞察力、あるいはヘルダーが好んで用いた概念である「感情移入」といった言葉が連なるが、その正体は判然としない。だが、先に述べたように、われわれはそれがいかに異質で、われわれの目には奇妙に映る他の文化であっても、それを理解する可能性をもつという点は、バーリンの(相対主義とは一線を画す)多元主義にとって重要な前提条件である。素朴な自然科学モデルを用いて人間や歴史の法則を発見した気になるのではなく、かといって不可知論に陥るのでもなく、いかにすれば異質な他者を理解できるのか。バーリンは、ヴィーコからこの問い――解答ではない――のバトンを手渡されたとみるべきであろう。

「モンテスキュー」

バーリンにとってモンテスキューは自由という観念のもつ豊かな意味について重要な示唆を与えた思想家であった。本書に収録した論考のなかでも最初期に属するのがモンテスキュー論である。これは、*Proceedings of the British Academy*, 41 (1955) に掲載された“Montesquieu”が初出である。

もっとも、バーリンとモンテスキューとの関係はいささか微妙である。バーリンは、「二つの自由概念」において彼の『法の精神』における自由の定義に不満をもらした。すなわち、「モンテスキューはその自由主義的な諸契機を忘れ去ったかのように」、政治的自由を、望むことを行うことの容認ではなく、「われわれが望むべきことを行う力」と定義しているというのである。自由に何らかの道徳的義務を課すかのような彼の定義は、バーリンが是とする自由の消極的定義とは相容れない。こうした批判の背景をなす詳細な議論が本論考で展開する。要するに、バーリンは、モンテスキューをロックと同様、プラトン以来の形而上学的自然法概念の本質的部分を墨守する論者とみなしており、だからこそ、「法律の禁止しないことをなす権利」という凡庸な自由の定義を行った、というのである。

こうした断定は、モンテスキューをフランス啓蒙の合理主義に引きつけすぎたことに帰因する、やや独断的な解釈と言わざるを得ないが、それだけにとどまらないのがバーリンのバーリンたる所以である。辛口の論調は論考の後半で一転し、モンテスキューにはこうした公式的定義とは別の次元で展開する重要な「自由」概念が存在する、という見解が熱を帯びた口調で語られる。モンテスキューには非凡な共感能力があり、そのおかげで、彼はヨーロッパとは異なる文化や価値体系を弁護し、多様な文化圏においても人間が十分幸福に暮らしていることを説明することに成功した。想像力によって種々様々な生活様式に共鳴するというこの態度は、まさに彼が「多元論者」であることを証明する。時代や社会の違いが、また階級や個人の間での違いが、様々な価値をうみ、それらはしばしば対立する。こうした多様で対立する諸価値を普遍的に調停する唯一の道徳体系など存在しない。こうした認識を土台に、モンテスキューは、ひとつの価値体系、ひとつの理想を押しつけることは、それがいかに高邁な理念であっても、必ず自由の剝奪につながると訴えた。真に自由な社会とは、その成員が自由に多種多様な目的を追求することを許す社会なのである。

バーリンがモンテスキューに発見したのは、この世界に多種多様な価値が併存し、ときにそれらが対立するという状態を単なる事実の問題であるというよりは、それ自体を望ましいあり方、貴重な価値とみなす思想的立場ではなかろうか。この意味での「多元論者」にとって、個人や社会がおのれの奉じる目的を追求する自由を確実に保障されることは、まさに必然的要請となる。すなわち、多元論者は同時に自由の擁護者となる。モンテスキュー理解として核心をつく解釈であり、ここにバーリンその人の自画像を読み取ったとしても間違いはあるまい。

「理想の追求」

翌年には傘寿を迎えんとするバーリン円熟の時期に発表された作品である。第一回ジョバンニ・アニェッリ上院議員国際賞を受賞した際のトリノでの記念式典でその短縮版が読まれ(一九八八年二月一五日)、全文("On the Pursuit of the Ideal")はアニェッリ財団から刊行された。また、同年三月一七日の *New York Review of Books* にも掲載された。多元主義を一元論と相対主義との比較において簡潔に説明していることもあり、当「解説」も含め、彼の多元主義を論じる際にしばしば参照される重要作品である。ここではそれとは別の側面に光を当てよう。

バーリンは、歴史の先において、すべての問題が真理に基づき解決するという信念——ヒトラー、レーニン、トロツキー、毛沢東、ポル・ポトのそれ——がいかに危険な幻想であるかを秀逸な比喩で表現する。人類を永遠に平和にする「最終的解決」が存在すると信じる者は、そのように素晴らしいオムレツを作るため、大量の卵を数限りなく割ることを厭わない。無残に割られた卵の痛みを顧みない理想主義者の非人間性をバーリンは厳しく糾弾する。

だが、同時に強調すべきことは、バーリンがより良き社会の実現に向けての努力を放棄したわけではない、という点である。バーリンのみるところ、人間には、極端な苦しみを避ける、耐えがたい選択を避けるという公的義務があり、対立や衝突が発生した場合、それらの間に何とかバランスをとる努力を重ねなければならない。その努力によって、人間は少しずつ「まともな社会」(「品位ある社会」と訳されることもある)を作り出すことができるというのである。「最終的解決」とは異なり、面白みのない「はえない解決」に見えるかもしれないと謙遜しつつも、バーリンにとっては、これが彼なりの「理想の追求」への道筋だったのではなかろうか。

一連の思想史作品を読んで改めて実感するのは、バーリンが独自の政治哲学を展開したすぐれた理論家であると同時に、ヨーロッパの哲学・思想・文学についての卓抜なる水先案内人であったということである。豊かな学識を元に、忘れられかけた作家や高名な思想家の作品であってもさほど注目されてこなかった文章を発掘し、それを自由自在に、ときにはアクロバティックと言えるほど大胆に、自らの作品に取り込む。他方、バーリンに引用された文章は、新しい輝きを帯びて読者の好奇心を刺激する。バーリンがしばしば用いるカントの「世界市民的見地における普遍史の理念」からの一節――「人間性という歪んだ材木からは、真直ぐなものはかつて何も作られなかった」――などはそのよき例である。高々と理念を掲げたカントも、確かにこう述べていた。ちなみに「理想の追求」を再録した原著の著作集の表題『人間性の歪んだ材木（*The Crooked Timber of Humanity*）』もこれに由来する。また、バーリンには、本心では必ずしも賛同できない部分をもつ思潮に対してとりわけ鋭い洞察力を発揮するというややへそ曲がりな側面があり、それが彼の作品群に奥深い色調を加えることとなる。

バーリンの描く思想の歴史とは、まさに、激動の二〇世紀を生き抜いた哲学者がその手で新たな命を吹き込んだ言葉やイメージが躍動する宝箱であると言えよう。

索　引

あ　行

か　行

さ　行

た　行

な　行

は　行

ま　行

や　行

ら　行

マキアヴェッリの独創性《どくそうせい》 他三篇　バーリン著

2022年2月15日　第1刷発行

編　者　川出良枝《かわでよしえ》

発行者　坂本政謙

発行所　株式会社 岩波書店
〒101-8002 東京都千代田区一ツ橋 2-5-5

案内 03-5210-4000　営業部 03-5210-4111
文庫編集部 03-5210-4051
https://www.iwanami.co.jp/

印刷・理想社　カバー・精興社　製本・中永製本

ISBN 978-4-00-336843-5　　Printed in Japan

読書子に寄す

――岩波文庫発刊に際して――

岩波茂雄

真理は万人によって求められることを自ら欲し、芸術は万人によって愛されることを自ら望む。かつては民を愚昧ならしめるために学芸が最も狭き堂宇に閉鎖されたことがあった。今や知識と美とを特権階級の独占より奪い返すことはつねに進取的なる民衆の切実なる要求である。岩波文庫はこの要求に応じそれに励まされて生まれた。それは生命ある不朽の書を少数者の書斎と研究室とより解放して街頭にくまなく立たしめ民衆に伍せしめるであろう。近時大量生産予約出版の流行を見る。その広告宣伝の狂態はしばらくおくも、後代にのこすと誇称する全集がその編集に万全の用意をなしたるか。千古の典籍の翻訳企図に敬虔の態度を欠かざりしか。さらに分売を許さず読者を繋縛して数十冊を強うるがごとき、はたしてその揚言する学芸解放のゆえんなりや。吾人は天下の名士の声に和してこれを推挙するに躊躇するものである。このときにあたって、岩波書店は自己の責務のいよいよ重大なるを思い、従来の方針の徹底を期するため、すでに十数年以前より志して来た計画を慎重審議この際断然実行することにした。吾人は範をかのレクラム文庫にとり、古今東西にわたって文芸・哲学・社会科学・自然科学等種類のいかんを問わず、いやしくも万人の必読すべき真に古典的価値ある書をきわめて簡易なる形式において逐次刊行し、あらゆる人間に須要なる生活向上の資料、生活批判の原理を提供せんと欲する。この文庫は予約出版の方法を排したるがゆえに、読者は自己の欲する時に自己の欲する書物を各個に自由に選択することができる。携帯に便にして価格の低きを最主とするがゆえに、外観を顧みざるも内容に至っては厳選最も力を尽くし、従来の岩波出版物の特色をますます発揮せしめようとする。この計画たるや世間の一時の投機的なるものと異なり、永遠の事業として吾人は微力を傾倒し、あらゆる犠牲を忍んで今後永久に継続発展せしめ、もって文庫の使命を遺憾なく果たさしめることを期する。芸術を愛し知識を求むる士の自ら進んでこの挙に参加し、希望と忠言とを寄せられることは吾人の熱望するところである。その性質上経済的には最も困難多きこの事業にあえて当たらんとする吾人の志を諒として、その達成のため世の読書子とのうるわしき共同を期待する。

昭和二年七月